楊鴻銘著

# 新詩創作與批評

文史哲學集成

文史哲出版社印行

國家圖書館出版品預行編目資料

新詩創作與批評 :/ 楊鴻銘著. -- 初版. -- 臺北市
文史哲, 民91
面; 公分. -- (文史哲學集成 ; 469)
參考書目：面
ISBN 957-549-484-9 (平裝)

1.中國詩 – 寫作法 2.中國詩 – 評論

821.1　　91021879

文史哲學集成 469

新詩創作與批評

著者：楊鴻銘
出版者：文史哲出版社
http://www.lapen.com.tw
登記證字號：行政院新聞局版臺業字五三三七號
發行人：彭正雄
發行所：文史哲出版社
印刷者：文史哲出版社
臺北市羅斯福路一段七十二巷四號
郵政劃撥帳號：一六一八〇一七五
電話886-2-23511028・傳真886-2-23965656

實價新臺幣四二〇元

中華民國九十一年(2002)十一月初版



ISBN 957-549-484-9

# 序

新詩是新的詩體，與古詩、律絕有所不同，因此必須跳脫古人五言、七言的束縛，而以各種新的方式排列；必須走出整齊一致的限制，而以各種新的嘗試組合。新詩的形式，可以依照詩的意思分行、分段；可以依照詩的意念象形鋪敍，也可以依照詩的結構而採用建築的觀點，使文字從紙面之上站了起來；採用音樂的構想，使字句蕩漾出悅耳的聲音。新詩的形式很多，只要不是簡單的隻字片語，只要具有文學的形貌，都可以叫做詩。

二十世紀產生的新詩，與從前的文體迥然而異；因此新詩最好擺脫老舊的題材，而鋪寫眼見耳聞的事物；最好摒除前人的習氣，而著眼在你我當下的生活。新詩的內容，可以描寫周遭的景物，可以抒發個人的情感，也可以記敍人類共同的感受。因爲不同的時代，有不同的題材；環境改變了，文學的內容當然也應隨著改變。如果新詩仍然寫些棄婦逐夫的心情，仍然塡入封建宿命的觀念，怎能寫出新的氣象呢？

語言文字在約定成俗的制約之下，不會突然產生急遽的變化；但把相隔的時間加大、把相距的地域拉長之後，可能就有顯著、甚至意想不到的改變了。因此以語言文字做爲表達工具的文學，如想寫出足以反映時代的作品，就得拋棄沿襲已久的語法，而改用新的句型；避免歷來因循的成語，而自鑄清新的語句；並去除不合時宜的口語，而吸納時下高雅的詞彙；才能以嶄新的文字，而寫出這個時代共同的感動。

古詩的限制雖然較少，卻須講究音韻；律絕則在音韻之外，加上嚴謹的平仄。音韻與平仄，是律絕賴以發皇的格律，也是詩人較勁文才的標準，但在新詩的寫作上，卻不必刻意的重視。新詩，可以要求平仄，可以偶句押韻；可以彼此轉韻，可以只押一韻；可以只押古韻，也可以用國語來定韻；只要喜歡，都可以嘗試。事實上，採用古詩偶句押韻，或律絕通篇只押一韻的格律，如果不能配合詩意、不能配合氣氛、不能寫出抑揚有致的聲音，整首新詩將單調無趣，有如宗教的偈語或口耳相傳的童謠。新詩，只要音韻讀來自然和諧，是否押韻並不重要；新的詩體，應有新的思維，你說是嗎？

新詩，是時代的產物，是語體文通行之後，應運而生的新文學。希望我們都能拿起筆來，以新詩素描眼前的景物，以新詩抒發內心的感受，並以新詩記寫周遭的人事；使仍在嬰兒階段的新詩，能因你我共同的參與而成長，而茁壯，而蔚爲二十一世紀最具有代表性的文學！

本書承蒙文史哲出版社彭正雄先生的協助，才能順利出版，謹此表達由衷的謝意！

楊鴻銘　謹識於臺北、二〇〇二年

# 新詩創作與批評　目錄

# 第一章 新詩的四大要素

少有規則可循，時常出人意表的新詩，因爲規則不多，只要意念所至，只要符合文學的形式，就是作品；因爲可以自由的嘗試，只要情境完足，只要音調和諧，就是好詩。所以常人看到分行分段，看到語意彼此跳接的文字，就稱爲詩，殊不知新詩雖然可以自由，卻不能隨便；可以創新，卻須具有文學的形貌，否則只是一堆文字的遊戲罷了。

遊戲，是文學創作的火花，也是意念鋪展而成作品之前的嘗試。在遊戲之中，可以自在的發揮創意，可以隨意的堆詞砌句，但待提起筆來，則須本著創作的態度，寫出足以感動自己——的確出於個人深刻的感受、感動別人——的確具有人類普遍的情感；使新詩能從無拘無束的構想裡，寫出有其結構、有其內容的佳作來，這才是新詩創作眞正的態度。今筆者以新詩的意念、內容、形式、聲律四大要素，提出一套新詩判定的標準：

**就意念而言，須以詩的意念鋪寫成詩**：以詩的意念敍寫，儘管平鋪直敍，儘管形式有如散文，仍然屬於新詩。以散文的意念敍寫，儘管分行分段，儘管故意錯落字句，仍然屬於散文。所謂詩的意念，是指拿起筆來想寫的是詩篇，想塑造的是詩的意境，想表達的是詩的情感。因爲想寫的是詩篇，所以文字必然簡潔，必然具有張力；因爲想塑造的是詩的意境，所以意思必然以少馭多，必然具體而微；因爲想表達的是詩的情感，所以表情必然內斂含蓄，必然曠闊深遠。如岩上那些手臂：

手臂擠著手臂
手臂纏著手臂
手臂生出手臂

以「手臂擠著手臂」敍寫人人從事工作，「手臂纏著手臂」敍寫人人相互扶持，「手臂生出手臂」敍寫代代彼此薪傳；全詩的字句變化雖然不多，卻是不折不扣的好詩。

**就內容而言，須先布點才能想像成詩**：新詩，因爲是新，所以內容不必具體可感，脈絡不必前後照應，表意不必有如散文一般的鮮明。因爲是詩，所以意在言外時，必須先在詩中布有幾點可供想像的蛛跡；盡而不盡時，必須隱含數條可供追尋的線索；才能使讀者循著蛛跡、順著線索，以想像貫串全篇詩文的意思。如果隨便塗上幾筆，詩中未著任何痕跡，硬要藉著讀者的想像，去塡充整首詩的內容，去解讀整首詩的意思，怎能視爲一篇完整的作品？如林亨泰國畫：

在故事的草叢裡
古人們的蛋
孵化了

大霧中（葡萄酒味極濃）
山河也都醉
留著鬍子
握著手杖的
仍然嚼著泡泡糖

以「古人們的蛋，孵化了」，布下國畫至今仍然被人欣賞的點；「大霧中，山河也都醉」，以水墨迷濛的意境，敍寫不但人醉其中，連山河也隨著人們醉了，布下國畫至今仍然被人重視的另一個點；「留著鬍子，握著手杖的，仍然嚼著泡泡糖」，以畫中人物影射至今仍然沉迷古代畫境的現代人，以「仍然嚼著泡泡糖」串起詩前所布的兩點，諷刺見識始終停在古代、觀念始終抱殘守缺的現代人。乍看之下，全詩似乎零零落落；但透過詩中的點與末句的線，以想像貫串前後之後，原來詩的主題不但鮮明，而且深刻。

**就形式而言，須以文學形式構築成形**：新詩可以句句分行，句斷而意仍相連；可以懸空缺字，藉以中斷情境、強化關鍵的語句；可以象形指事，用文字排出具體的物或抽象的事；也可以通篇有如散文，而以詩的意念寫出詩作來。嘗試不同的形式，製造不同的效果，本是新詩創作應有的態度。但因新詩是文學，而不是遊戲；所以在獨出己意、大膽思考的同時，必須想想如此構築出來的作品，是否具有文學的形貌？是否也能叫做文學？因此新詩形式不管如何的創新，至少也該有個文學的樣子。如向陽發現□□：

什麼都是的□□
什麼都不是□□
猶似紅檜在濃霧中
找尋不到自己立足的土地
所有的鳥競相插上羽翅
所有的獸爭著踏印腳跡
發現□□是一種趣味
解讀□□是一種遊戲

□□被複製
在一九九一年冬付梓的
以及部分被付諸一炬的
選舉公報中

□□被發現
在□□圍聚起來的□□中
在渾沌的□□
□□以□□爲名
連□□也不見了

□□是臺灣，是空格，也可能只是沒有意義的空空洞洞而已。作者以□□突顯臺灣的無奈，以□□感嘆臺灣的遭遇，更以□□抒發自己深刻的情感；詩的形式很新，但詩的主意卻因□□而顯得更爲亮眼。

**就聲韻而言，須以聲調和諧取代押韻**：語體的特色，在於清新流暢，在於走入生活，在於任憑己意自由的抒寫。以語體敍寫而成的詩篇，只要聲韻和諧，節奏切合題意，不用顧慮嚴謹的古詩格律，所以更能寫我想寫的事物；只要聲調抑揚頓挫，輕重有致，不必講究韻腳與平仄，所以更能說我想說的感受。至於押韻的新詩，讀來必須輕盈靈動，否則就是刻意，就是綁手綁腳；講究平仄的作品，讀來必須流轉自如，否則就是拘泥，就是佶屈聱牙。如向陽小站：

彷彿還是去年秋天
被雨打溼了金黃羽翼的

故鄉的銀杏林下，那朵
畏縮地站在一抹陰翳蒼茫中
鮮紅的，小花？

「彷彿還是去年秋天」，在句中「是」、「去」兩個去聲的加重之下，整句聲調有了抑揚。「被雨打溼了金黃羽翼的，故鄉的銀杏林下」，詩在「了」、「的」的銜接之下，意思綿延不絕；詩在「了」、「的」的分隔之下，斷開了原本纏在一起的意思；詩更在適當的位置上，加入「了」、「的」之後，使詩的聲調頓時有了靈動的節奏。「那朵，畏縮地站在一抹陰翳蒼茫中，鮮紅的，小花」，以平仄交錯的方式構築長句，因此詩句雖然不短，詩的音節卻有起伏變化的美感。如能善用平仄經營詩的氣氛，塑造詩的意境，誰說新詩非得格律、非得押韻不可？

新詩出現在你我的眼前，並不太久；但新詩的形式、新詩的規則，卻在隱隱之中逐漸的成形了。我不能、也不想限制新詩的形貌；但我認為新詩既然是詩，既然是文學，既然是現代的作品，我們就得站在這個時代，以嚴謹而又莊重的態度去嘗試，去創作，才能在未來的每一個明天，開出更燦爛、更多彩的花朵來。

（孔孟月刊467期、民國90年7月）

# 第二章　新詩的語言

新詩，因爲是詩，所以須從前人的語法中跳脫出來，以新的形式造句，以新的思考措辭，才能在舊的土壤上長出新的作品；才能類仿「苔痕上階綠」（劉禹錫陋室銘）的語法，而寫出如下的名句（洛夫金龍禪寺）：

羊齒植物
沿著白色的石階
一路嚼了下去

須從既有的語彙加以變化，以新的文字成詞，以新的用語表達，才能打破人云亦云，而寫出新的創意；才能取用成語「血流成河」，而寫出如下生動而又令人觸目驚心的新辭：

血、血、血……
流成大河

前人的語法是前人的，是在舊的時空背景之下產生出來的，雖然可以沿用，卻仍在舊的規矩之中打轉。惟有獨出己意運思構想，才能鎔鑄新的語法；才能突破前人的想法，而描寫雨滴輕盈的意象（朵思雨滴的意象）：

雨滴從介入視域開始
使一直淅瀝淅瀝唱著輕輕敲擊地殼
的寂寞

既有的語彙是既有的，是人們慣性使用的結果，雖然可以套用，卻只能拾取前人的牙慧。惟有跳出窠臼重造新詞，才能寫出此一時空的作品，才能以現代生動的譬喻，而寫出貼切自然的文思（羅青臨池偶得）：

自墨綠
墨綠的池底
佳句如紅魚
悄悄悄悄的
浮現

新詩的語言最好是新的，新得從來沒人講過，才能使後人喜歡再講炊煙如刀樣升起（萬志爲破靜）：

直到一縷炊煙，嫋嫋娜娜
刀樣升起

新詩的語言可以是舊的，舊得從來沒人用過，才能使讀者瞭解舊得有理，瞭解「非」字即飛，象鳥飛翔之形（楊鴻銘鷹）：

咻的一聲
直射天際
整片的蔚藍
非成兩半

新詩的語言最好是典雅的，典雅得猜新潔淨，才能使詩增減一字不得，而在簡潔的字句裡，寧靜得足以使人停止呼吸（周鼎終站）：

寂然
解脫於最後的喘息
以一種睡姿
一種美
以遺忘

新詩的語言也可以是生活的，是你我熟悉的聲音，而在熟悉的吶喊裡，深深的扣住你我的心弦（岩上那些手臂）：

那些手臂
那些太陽曬成銅色的
流汗的
緊抓住泥土的手臂

有人用國語寫詩，甚至詩中還押古韻；有人用母語寫詩，母語讀來更能入味；有人在詩中加入英語、俚語，甚至時下最熱門的俏皮話，都能增加新詩不少的趣味。新詩因爲新，所以能做各種不同的嘗試。

新詩的語言可以白描，也可以採用各種不同的修辭。新詩最常用的修辭，有以喻體譬喻主體、甚至只剩喻體的譬喻修辭。如岩上的夢每章都用譬喻的辭法，但卻用得渾然天成，不著痕跡：

生活像斷層的谷底
夢讓我們走進了森林
森林的廣闊深遂而迷人
驚喜如夜鶯的眼神向遠方

夢的翅膀與現實的距離
一振翼一齣美感
夢裡夢外
分割著生命的傷痕

有以其他的事物透過想像，描寫主體的象徵修辭，以白雲象徵朋友；以白雲彼此融和，象徵朋友不分國別，寫成了詩的主題（白靈沒有一朵雲需要國界）：

朋友，沒有一朵雲需要國界
自西而東，自東而西
一朵雲牽另一朵雲又一朵雲
混合，湧動，從從容容
包裹住地球，以全然的寬懷
……

有以擬人或擬物的轉化修辭抒陳心聲，並寄寓作者內心的情志。如張國治一顆米如是說：

我是一粒米
來自於蘊含我的大地
……

我始終有著
無比的赤誠
潔白晶瑩
始終居住在溫暖的泥土
我用小小的沉默
洩露這宇宙最微小的天機

有以誇張的方式，敍其更大、更小、更長、更短的誇飾修辭，從現實進入想像，描寫了陽臺上如畫的風景。如侯吉諒如畫：

起風的時候，窗外
陽臺上蘭竹狹扁的長葉如削如切
將時間削成季節，把空間
盤古開天般一斧一斧地切成了
山水。招展起伏，如從容的筆意
輕輕在墨色淋漓的宣紙上拂過

凡是散文能用的辭法，新詩都能採用；散文不曾用過的辭法，新詩也可以嘗試。而且因為新詩的字詞較為凝鍊，所以應在同一語句之中，同時融入不同的辭法，以細膩或深化詩裡的意象，才能寫出有別於散文、有別於常人的作品。

散文的語言可以變化，卻有一定的限制；新詩的用語須有詩的樣子，比起散文卻有更大、更廣的空間。因此新詩可以句句完足，一句表達一個完整的意念，意念與意念之間既獨立，又相連。如卞之琳斷章：

你站在橋上看風景
看風景人在樓上看你

明月裝飾了你的窗子
你裝飾了別人的夢

可以句形完足而句意相關，上下的語句似乎各自獨立，但上下的語意卻彼此連在一起。如覃子豪追求：

大海中的落日
悲壯得像英雄的感嘆

一顆星追過去
向遙遠的天邊

可以句意尚未完足，爲了強化、爲了效果而切成兩句來表達。如陳義芝的蒹葭，把「爲夜空繫上一顆顆晦澀的星結」切成兩句，以強化詩的意象：

亭亭那朵，在蒹葭的水域
在孤鶩斜飛的水中央
我偷眼望著，簌簌垂淚
費神地
爲夜空繫上一顆顆
晦澀的星結

可以一個完整的意象，以數句全未完整的詩句表達，而形成一個黏連相貫的趣味。如林彧的名片，上下的語句均未完足，但上下語句一路黏連的結果，頗能讀出作者心中連串的疑惑：

寂然，我忘了他們的
臉孔、聲音、衣著以及
交出、取回名片的理由

新詩的語句是斷、是續並不重要，只要配合詩的情境，作者可以聽憑己意自由的安排。

國語、英語、母語、俚語，都是詩的語言；轉用、新創、白描、想像，都能說出詩的意念。只要具有文學的樣子，學者可以採用自己喜愛的語言，也可以說出自己想說的詩句，因爲詩是自由的，詩雖然有其限制，其實不多。

（孔孟月刊448期，民國88年12月）

# 第三章　新詩的意象

詩文的內容、塑造的意境或再現字句之間的情景，都包含在意象廣義的範圍之內。意象，有時是作者的思想、論點，有時則是作品的景物、情境，因此不管採用何種方法創作，不管想要表達何種內容，鮮明的意象是詩文最基本的要求。

所謂意象鮮明，並非拿起筆來就得直抒胸臆，或在描景寫人時一定要有結果。詩文本有含蓄的美，但在含蓄之中主題必須清楚，至少讀者可以聯想；可以言而不盡，但在不盡的同時，篇中據以餘波的情感必須可觸可感；可以朦朧蕩漾，但在蕩漾的朦朧裡，卻須使人依稀看到作者描寫的事物。因此所謂「鮮明」，只要讀者能夠聯想、能夠感覺，甚至只要能夠想像就可以了。

新詩因比散文自由，所以在意象的表達上，可以採取更開放的態度。今筆者試著捕捉意象，而提出四種概括性的寫法，也許可以給您一些參考：

**一、具象描寫具象**：以具體的事物為其詩名，為其主題，並以具體的筆法、具體的情景或人事鋪寫成詩的方法，必須拓展詩的意境增其廣度，內容才能寫得豐富；必須緊扣詩的主題強化深度，事物才能寫得深刻。如李魁賢山上的秋千：

在山頂上盪秋千
感到大地
好像在海上搖晃的水球
練索喀喇喀喇的金屬聲
隨著時間的擺動
青春有時也會顛倒過來呢
畢竟那是短暫的快樂少年

下了秋千
才發現地球的搖晃
並沒有止息

以「山上的秋千」爲其詩名，以盪秋千爲其主題，然後以秋千上下擺動形容少年無憂無慮，甚至連青春是啥「青春有時也會顚倒過來呢」，也不在乎的短暫時光，末了則以下了秋千，一切依然如故收尾。全詩採用具體的筆法鋪敍，但在具體之中不但廣度拉到海上、拉到地球，而且深度也在青春、少年之間不斷的飛揚。

**二、抽象描寫抽象**：以抽象的意念爲其詩名，爲其主題，並以抽象的筆法鋪寫成詩的方法，因爲詩名與內容都是抽象的意念，所以如想寫出鮮明的意象，則其聯想必須有跡可循，象徵必須關係清楚，影射必須有其對象，否則就有晦澀之弊。如辛牧飛：

我們還要
飛
棲息，偶爾
嬉耍，偶爾
做一些應該做的

飛
成雙也不一定快樂
不成雙也不一定不快樂
我們還要
飛，不一定成雙
休息，不一定掉光羽毛

以「飛」抽象的意念爲題，寫既然生而爲鳥，就得不斷的飛，不斷的做一些應該做的。成雙不快樂，不成雙也不見得不快樂，甚至在休息時，也不能一次掉光羽毛；因爲生活雖然無奈，還是得過下去。既然生而爲鳥，就須不斷的飛翔；生而爲人，就得不停的工作。寫鳥就是寫人，意念雖然抽象，意象卻很清楚。

**三、抽象、具象互寫**：以抽象的意念爲題，就以具體的事物描寫；以具體的事物爲題，就以抽象的意念鋪陳；甚至在詩的主題上、詩的內容上，也可以採用具象形容抽象，或抽象鋪寫具象的方法成詩，使詩在具象與抽象之間，內容更爲曲折，意象更爲鮮明。如林亨泰秋：

雞
縮著一腳在思索著
而又紅透了雞冠
所以
秋已深了……

以雞縮腳思索象徵睡眠，象徵成長，象徵時間的流逝；以紅透了雞冠表示收穫的季節，表示雞已長大，表示秋已來到。全詩以抽象的意念「秋」爲題，卻以具象的雞逐步敍寫秋已來到；以具體呈現抽象的意念，意象頗爲鮮明。

**四、抽象、具象並行**：不管題目是抽象，還是具象；不管主題是具體的，還是意念的；詩中採用具象與抽象並行的筆法，雙軌成篇；或以兩者交錯的方式，織就完整的作品，都能使詩具有曲折而富變化的美感。如楊鴻銘歲月：

生命
有如一杯美酒
酒裡
刻了我的皺紋
是
酒刻了我的皺紋
是
我的皺紋掉進酒裡
過眼的青春
正在杯中蕩漾

拿起杯子
喝下皺紋
歲月
一一浮在
我的臉上

首章以美酒比喻生命，以具體的酒裡映出代表抽象歲月的皺紋；次章以不定的筆法鋪敍皺紋在酒裡的情形，並以具體的蕩漾描寫抽象消逝的青春；末章敍將酒與酒中的皺紋一起喝下，以具體浮在臉上的皺紋，暗示抽象的年華已經老去；具象與抽象始終雙軌並行。

新詩的形式可以無窮的變化，但其形式代表的意象、或以字句表達的內容必須清楚；所謂清楚，只要讀者能夠想像、能夠聯想、能夠體會就可以了。至於晦澀而難解，通篇不知究竟寫些什麼的「新詩」，我們不必給予太多的理會。

（孔孟月刊449期，民國89年1月）

# 第四章　文學的素描——新詩

素描以最短的時間、最忠實的態度鉤勒眼前的景物，因此能在油畫、版畫、雕塑、水彩之外，獨立成爲一種繪畫的藝術，甚至成爲所有繪畫的基礎。新詩則以最經濟的文字、最具象的語句寫出當下的感動，所以能在戲劇、小說、散文、札記之外，獨立成爲一種文學的作品，甚至成爲速寫景物不二的文體。因爲美景當前，如果不能馬上把它寫在紙片上，景物將隨著眼睛的移轉而不見蹤影；心有所動時，如果不能迅速的把它寫成字句，意念將隨著感嘆的聲息而自動的消逝了。

新詩，是文學的素描，可以在最少的時間內，速寫眼前的景物；可以用最少的文字，表達心中最深刻的感動。因爲新詩的字句可多可少，新詩的篇幅可以自由伸縮，所以不必顧慮一定的結構；因爲不必顧慮一定的結構，所以新詩短則一章、兩章，長則百字、百句以上，只要具有詩的樣子，具有詩的情境，都能算是文學的作品，而不必像散文一樣，必須有頭有尾、有其固定的形式與內容。新詩素描的方法很多，今筆者提出四種素描的方法如下：

**一、景物素描**：以新詩來摹寫景物，如果時間夠長，可以在仔細的觀察之後，素描景物的全貌。如果時間不多，則選取最具代表的主景，或自己認爲最美的一景，以簡潔的一章、兩章，寫成一首完整的詩歌。如楊鴻銘晨：

掀起黑紗
揭去薄薄的幕
夜 遠了
只在
天與地之間
留下一片空白

像頑皮的小孩
在潔淨的牆上
塗鴉
像貧窮的畫家
在得來不易的畫布上
彩繪
迷濛的

已經開朗
灰沉的
已經燦爛
曙光越過嶺端
射入清晨
天與地之間
不再空白

擷取夜幕已退、陽光未來之前，天與地之間的空白，做爲詩的主題，而寫成這首素描景物的小詩。

**二、人物素描**：以新詩來摹寫人物，可以從外貌寫其特徵，從行止敍其特質，甚至可以從個性與服飾，描述其人的形象。如楊鴻銘新衣：

剛買的新衣
裹不住滿心的喜悅
燦爛的微笑
一朵一朵
開在小琪臉上

這裡跑跑
那裡跳跳
從早上到中午
從中午到晚上
縐摺的玫瑰
一瓣一瓣
微笑在小琪身上

以人的微笑與衣的縐摺，寫成一首活潑的小詩。

**三、心境的素描**：心境是抽象的；因爲抽象，所以須用文字表達，才能具體寫出當時的感受。思緒是乍現的，因爲乍現，所以須用短截的語句抒陳，才能記錄此一時刻的心情。以短截的文字捕捉瞬間即逝的心緒，寫出完整的文學作品，這種作品，就叫做詩。如楊鴻銘寫詩：

我吟詩
我兒子叫我別吵
我唸詩

我女兒要我閉嘴
我想詩
我老媽說我瘋了

推推敲敲
增增減減
從破舊的字堆中
揀取
一個一個
填詞寫句

像打開灰塵
看到一幅名畫
像修好機器
開始放映電影
像演奏古老的魯特琴

聆聽

一首一首

優美的曲子

將寫詩的情形、詩作完成之後的心情，具體摹寫出來，意象也很鮮明。

**四、懸想的素描**：所謂懸想，可以是想像，是追憶；也可以將流傳已久的傳說，以詮釋、演繹、改寫或批評的方式，重新素描而成一首好詩。如楊鴻銘路易絲湖：

冰的雪白

流入

藍的湖裡

凝成

落磯山脈耀眼的

寶石

女王取下頭冠

把它鑲在

腦中

返回大不列顛
仍然想著
加拿大的路易絲湖

把世人公認「路易絲湖是落磯山脈的藍寶石」詮釋成第一章詩，把「英國女王讚嘆有加」演繹成第二章詩；全詩雖然不長，但卻自有濃濃的趣味在。

素描，可以捕捉突如其來的意念，可以落實呈現眼前的美景，也可以把別人只是讚嘆、只能回想的景物，寫成一首一首雋永的詩篇。以新詩做爲文學素描的工具，能夠免去文章一定的形式與較長的篇幅，而隨意寫出眼前所見、心中所感的作品。能在匆促的時間裡，順手寫下一句、兩句，甚至一個、兩個不成文句的片語，然後再以這些印象鋪展成詩。這種用眼欣賞、用筆鉤勒的素描方法，你願意嘗試嗎？

（孔孟月刊446期，民國88年10月）

# 第五章　新詩漸進的寫法

美景當前，總是想說幾句讚美的話；心有所感，總是想寫幾行抒情的詩，這是人的常情，也是文學創作最大的動力。因此只要具有基本的素養與驅遣文字的能力，都能在文學的形貌之下，說出自己想說的話，寫出自己想寫的文章。

從事創作並不難，難在不敢嘗試；尤其對於新詩，因爲陌生，因爲無矩可尋，所以縱使有心，也在諸多的藉口中放棄了。新詩的創作，實際的寫比無端的想容易多了；學者只要大膽的拿起筆來，從意念的選擇、佳句的捕捉開始，由漸而進，由簡而繁，由片段而成章、成詩，就能寫出篇篇完足的作品。今筆者謹以漸進的方式，提出一套新詩的寫法如下：

**一、記下佳句**：受到外物或來自內心的感動時，意念必然紛繁，思緒必然騰湧。如果學者只是感動而陷入情境之中，只是騰湧而無法具體的落實，事過境遷之後，很難回頭敘寫深刻的詩與文。面對這種情形，最好的方法就是捕捉腦中的意念，以確切掌握當時的情境；並將這些意念化爲精警的短句，隨手記在紙片之上，以供日後詩文創作之用。如以「楓」爲題，可以寫出如下的佳句：

楓紅片片，詩意連連。

楓葉一片，秋詩篇篇。

**二、擴寫成章**：隨手寫下的佳句，雖然不過一、兩個句子，卻是擴寫成詩重要的藍本。如以佳句做爲詩的主題，則取佳句精警的意念推衍成詩；如以佳句做爲詩的重心，則在佳句之前、佳句之後，或在兩個佳句之間，加入適當的情節、情境或情志，而鋪寫成詩。前者只取佳句之意，後者則將佳句搬到詩裡，兩者並無高下之分，可以視實際的需要而定。如以「楓紅片片，詩意連連」爲其佳句，可以取其意念寫成如下的一章：

楓葉
一片一片
拼湊你我的緣分

**三、組章成篇**：以佳句爲關鍵鋪寫成篇，或取佳句之意而推衍成詩，如能寫出有頭有尾、首尾完足的詩文，即使只有一章，也是完整的作品。如果只寫一章、兩章而未完足，則應在此章之前或此章之後，加上配合情境的文字，才能完成創作的過程。加上一章還未完足，則再補上第二章，直到作品完整爲止。如以「楓」爲題，上文「楓葉／一片一片／拼湊你我的緣分」一章，還未完足，於是補上如下的一章，而以兩章構成一篇完整的詩歌：

思念
一線一線

勾畫你我的惆悵

**四、直寫小詩**：選擇意念、捕捉佳句、鋪寫章節、補足成篇，是新詩寫作從無到有、從陌生到認識、從害怕到勇於嘗試的方法。經過這套分段學習的方法之後，則以相同或相關的題目，以一章或兩章的形式，直接寫成一首完整的詩文；直接融會分段學習的技巧，而從新詩整體的角度來構想。如以「楓」為題，可以「你」的口吻，從擬人的角度思考，而寫出一首完足的小詩：

你嫣紅的身影
悄悄的
從眼前飄過
為慘澹的秋
帶來一絲暖意
也帶來了
幾分生氣

**五、布局長詩**：以簡單的意念為主題，鋪寫小詩之後，整體的構想與字句的驅遣已經具有一定的水準了，則將寫作的難度拉高，再以三章以上的篇幅，完成一首新詩，以練習詩在各方面布局的能力。如以「楓」為題，可以「我」的口吻、漂泊的主題鋪寫成四章的詩歌：

乘著寂寞
在秋的大地
漫遊

偶而來到
山屋的窗前
毛玻璃卻以
霧樣的灰白
拒我

朦朧裡
小窗微開
纖纖的玉手
盈盈拾我
在溫熱的掌中

我滿臉通紅

卻不再寂寞

從意念、佳句、章節到成詩的分段學習，可以免去初學者的恐懼；從一、兩章的小詩到布局成三章以上的長詩，可以培養初學者的興趣。新詩的寫作並不難，只要按照上述的方法依序嘗試，就能寫出有模有樣、有景有情的詩文，您說是嗎？

（孔孟月刊443期、民國88年7月）

# 第六章　新詩意念拓寫的方法

對於美好的景物、深刻的體會、突來的情事或心中的想像，凡人都會有所感觸，凡人都會自然而然的想說或想寫出來。有所感觸，就是意念；把它說或寫出來，就是作品。意念人人都有，而且隨時都可能有；想把意念具體的講出來，也許並不困難；但如果想把它捕捉在字句之間，並寫成一篇完整的詩文，就非得有些素養或技巧不可了。今筆者提出一套拓寫意念的方法，希望對新詩的寫作，能夠有些幫助：

**一、體的拓寫**：從小的、近的、虛的、實的、形的、意的體，以類比的筆法拓寫意念，叫做體的拓寫。體的拓寫方式很多，今舉二例以供參考：

㈠**形體拓寫**：以相似的形式或相近的輪廓拓寫意念，如楊鴻銘愛的第一章：

我愛梅娜
一百
減　分給小琪五十
減　撥予小翔一半
等於

零
一個完整的圓

零，是圈，圈的形狀像圓；因此「等於零」，就是「等於圈」，就是「一個完整的圓」。

(二)**實體拓寫**：以實際的意涵或真實的景物拓寫意念，如愛的第二、三章（愛計三章）：

梅娜愛我
是謎
加　疼惜小琪很多、很多
加　呵護小翔非常、非常
等於
一百
一顆滿足的心

別人結婚
1+1=2
我與梅娜

0＋100

還是等於

一百

一百，就是滿分；滿分，就能滿足；因此一百就是「一顆滿足的心」。

**二、面的拓寫**：從靜的、動的、上的、下的，全部的或一隅的面，以空間的筆法拓寫意念，叫做面的拓寫。面的拓寫方式很多，今舉二例以供參考：

㈠**平面拓寫**：站在相同的面或一致的立場上拓寫意念，如江平穀雨心情：

春天，我走在山澗邊

隨行的孩子們帶著畫眉的嬉笑

起伏的黑髮浪如山坳裡起伏的烏秋

水流恰似孩子們的腳

也白，也沾些泥巴

出山前的輕快和愉悅也相彷彿

在春天、在山澗、在水流相同的平面上馳騁思緒，以擬人、以譬喻的辭法，寫出平面之上多樣的色彩與躍動的生氣，正是本詩最大的特色。

㈡**立體拓寫**：以靜態立在眼前、或動態起伏升降的情事拓寫意念，如楊鴻銘看景，在維也納的第三、四章（看景，在維也納計四章）：

尋　愈來愈紅的夕陽
梯
一階踩上一階
看　藍得靛藍的藍河
樓
一層高過一層
只是
天色暗了

爲了欣賞景物，爲了看個仔細，於是踩上樓梯，於是爬上高樓；詩裡的空間，已經從平面走向了立體。

**三、線的拓寫**：從縱的、橫的、遠的、近的、長的或短的線，以推衍的筆法拓寫意念，叫做線的拓寫。線的拓寫方式很多，今舉二例以供參考：

㈠**縱線拓寫**：以景物上下延伸組成的縱線拓寫意念，如看景，在維也納的第一章：

阿爾卑斯的

餘暉
染紅冰山的雪
從遠天
從近林
輕輕滑下

「從遠天，從近林」兩點組成一線，並與「輕輕滑下」構成一個由上而下的情境，使夕陽西下的情景，歷歷在前。

㈡**橫線拓寫**：以遠近景物組成的橫線拓寫意念，如看景，在維也納的第二章：

多瑙河藍色的
音符
像鋼琴黑白鍵上躍動的
波浪
在維也納的原野
不停跳舞

在維也納的原野上，從近而遠，一路優雅的流去，這是橫線的拓寫。

**四、點的拓寫**：從單點、定點、一點、數點、向內或向外的點，以深度或廣度的筆法拓寫意念，叫做點的拓寫。點的拓寫方式很多，今舉二例以供參考：

㈠**向內拓寫**：就某次或某一定點深入的描寫，如楊鴻銘航：

舵，畫出長長的線
隨漂泊的帆
揮去水中的
白雲
在綠的波浪裡
留下
始終圈不住的
無垠

從舵的一點深入描寫，使代表船行的舵，在無垠的海面上，更爲渺小，更顯出海的寬闊與航的艱險。

㈡**向外拓寫**：以某次或某一定點爲主，向外擴寫成更大或更多的意涵，如航一詩：

風不施捨
可以划槳
鷗不帶路

自己摸索
是哥倫布發現新大陸的
喜
鐵達尼撞上冰山的
悲
麥哲倫停在太平洋的
靜
　等待著我

從航行客觀的一點，擴及哥倫布發現新大陸、鐵達尼撞上冰山、麥哲倫停在太平洋上的喜、悲、靜三種心情，使詩具有更爲豐富的意涵。

意念的拓寫，是詩與詩人必備的條件；因爲是詩，所以不能只是片詞隻句；因爲是詩人，所以不能不具備鋪敍鎔裁的素養。

（孔孟月刊465期，民國90年5月）

# 第七章　新詩意念鋪展的方法

景物優美，有如一幅圖畫，有如「一幅圖畫」就是意念；感觸良多，心中莫名所以，心中「莫名所以」就是意念；每逢喜事，不禁雀躍不已，不禁「雀躍不已」就是意念；想到際遇，悵然若有所失，「若有所失」就是意念。人在日常的生活裡，時常會有一些具體的或抽象的刺激，時常會產生一些成形的或無心的意念。意念也許瞬間即逝，也許久久不去；也許只是單純的衝動，也許很想把它寫在紙面之上。如果想把隻字片語的意念，落實寫成一篇完整的詩文，可以從下列十二個方向切入，將單純的意念鋪寫而成文學的作品：

**一、從原因想**：探討意念產生的原因，省思自己感動的理由，然後將此意念加上動作、加上經過或加上一些評論，就可以把意念寫成有血有肉的作品。如以「望月懷想」爲其意念，可以鋪展成如下的詩句：

月裡、月外

想

看個分明

頭

愈抬愈高

「想，看個分明」是動機，因爲有此動機，所以才有「頭，愈抬愈高」的動作。

**二、從結果想**：不從動作思考，而從結果往上逆溯或往下續寫，除了可以寫出立意較新的文字之外，還能把意念表現得更爲清楚。如以「山林空寂」爲其意念，可以鋪展成如下的詩句：

撿起松子
幾顆
山更空了

山林已經空空蕩蕩了，尤其撿起幾顆松子之後，「山更空了」。從結果的「空寂」思考，將「山林空寂」以往下續寫的方式表現了出來。

**三、從情景想**：如果景物過於闊遠，可以就其一點誇飾的敍寫；如果景境過於狹窄，可以就其特色推衍的鋪陳，也能將意念化做篇篇的詩文。如以「獨釣江雪」爲其意念，可以鋪展成如下的詩句：

遍地是雪
只見
平靜的江水

一痕
　輕薄的浮標
一個

因爲雪地，所以江水有如一痕；因爲寒冬，所以江水頗爲平靜；因爲獨釣，所以浮標只有一個；因爲釣魚，所以浮標「輕薄」的動來動去。純就情景而寫，也能再現當時眼前所見的意念。

**四、從事物想**：從事的始末，構想如何鋪展這個意念；從物的現象，觀察心中所想表達的意念；以擬人、以譬喻的方法鋪敍，才能寫出自己想寫的作品來。如以「夕陽餘暉」爲其意念，可以鋪展成如下的詩句：

幾線餘暉
想窺究竟
在樹梢
在林下
一路躲躲閃閃

以「在樹梢，在林下」寫夕陽西下的情形，是觀察；以夕陽想窺究竟，透過樹葉躲躲閃閃的照射過來，則是擬人。

**五、從正面想**：正面的鋪敍，必須多變化、多轉折，才能活現心中的意念；必須加入一些想像，加入一些枝節，才能以意念寫出豐富的意思。如以「送別歸來」爲其意念，可以鋪展成如下的詩句：

從矮籬、從小徑
揮手再見
人走了
夕陽也走了
小小的柴門
擋不住滿園的
空寂

送別的時候，加上「從矮籬、從小徑」；人走了，說「夕陽也走了」；心裡寂寞，以「小小的柴門，擋不住滿園的，空寂」。加入想像塑造出來的情境，已使送別歸來的心情，更爲寂寥。

**六、從旁面想**：不從正面直接描寫，而以烘托、側寫的方式，從旁面敍其主題；使主題在看似無意，其實意象早已鮮明的鋪寫方法，有時可以使意念得到更多的趣味。如以「久雨初晴」爲其意念，可以鋪展成如下的詩句：

風也過了

雨也停了

繽紛的草地

小鳥七嘴八舌

正在傳說……

以「繽紛的草地」，烘托風雨吹打花草的情景，「小鳥七嘴八舌，正在傳說……」敍寫在此之前又是風、又是雨的情景，正是旁面側寫意念的方法。

**七、從自己想**：不管寫人或寫物，均從自己的立場來觀察，來思考，來取材；因此寫人是以己看人或人來會我，寫物是以我看物或物對我說，也能將意念寫成一篇作品。如以「窗前梅花」爲其意念，可以鋪展成如下的詩句：

寒冷的冬裡

梅花

浮來窗前

輕輕向我

開口示意

梅花開在窗前，說「梅花，浮來窗前」；梅花已經開花，說「輕輕向我，開口示意」。

雖然只從自己的立場敍寫，但梅花早已開在讀者的窗前了。

**八、從對方想**：以設身處境的方式，把對方放在正待敍寫的情境之中，想像如果是他，在此意念之下可能會有什麼反應，會有什麼現象，然後將此意念敍寫成文。如以「春生新芽」爲其意念，可以鋪展成如下的詩句：

羞羞的
怕怕的
點綴新綠
每當
東風輕拂的時候

新芽初長的情形，「羞羞的，怕怕的」；新芽初長的情景，有如新綠點綴在灰褐的枝幹之上，這是以人觀物、設身處境的寫法。

**九、從具體想**：將抽象的情思，捕捉在字裡行間；或把多樣的風采，以具體的事物涵蓋在字句之間，使抽象的或多樣的風情，不但可觸可感，而且就在幾句簡單的詩裡。如以「夕陽美景」爲其意念，可以鋪展成如下的詩句：

遠處
近處

一地夕陽的金
落日的紅
只是
夜已近了

夕陽的美，不但多樣，無法盡寫，而且抽象，不能一一落實在平面的紙上。因此以「一地夕陽的金，落日的紅」，滿地都是金色與紅色，具體涵蓋夕陽所有的景致。

**十、從象徵想**：抽象的情思，除了以具體的事物描寫，或以涵蓋的方法落實之外，還可以經由想像，而將人的情思以象徵的辭法呈現出來。如以「懷念故鄉」爲其意念，可以鋪寫成如下的詩句：

不在那裡
又在那裡
想家的白髮
在皎白的月下
又白了

以「白髮」象徵想家的愁苦，以「在皎白的月下，又白了」，象徵明月更增人的愁思。所以抽象的「想家」，也在白髮又白的月下，具體可感了。

**十一、從動態想**：靜態的景物，以動態的手法敍寫，使景物在動靜交錯、彼此互用的情形之下，鮮明作者心中的意念。如以「白露滿天」爲其意念，可以鋪展成如下的詩句：

露
白白的
爬上怯怯的
草
爬上綠綠的
葉
爬上了夜深深的
幕

露，視覺上是靜態的，但以爬上了草，爬上了樹，最後爬上了夜幕，描寫白露滿天的情景；動態之中，自有美感。

**十二、從空間想**：將人的想法、人的感情、人的處境投在空間之上，可以藉人在空間裡的安排，而深化詩的意象；將物的性質、物的作用、物的目的置於空間之內，可以經由空間的烘托，而顯出物更多樣的風采。如以「不見人煙」爲其意念，可以鋪展成如下的詩句：

綿長的路，望盡

千頭萬頭
就是不見
人的蹤影

以綿長的路爲其情境，烘托左看右看、左尋右尋，就是不見人的蹤影。從空間的布局下筆，曠闊寂寥的情景，頗能使人動容。

意念，是詩的動機，也是詩的主題。只有意念，並不是詩；唯有從各個角度，把單純的意念用心的鋪展，才能寫出有形有貌、有骨有肉的詩作來。

（孔孟月刊461期、民國90年1月）

# 第八章　新詩琢磨的方法

面對美景有所感動，而有寫詩的念頭，這是我們都曾有過的經驗，但卻只有少數人能夠實現。因爲詩情畫意儘管人人都有，喜怒哀樂儘管隨時產生，但在起心動念的同時，如果缺乏文學的素養，如果沒有創作的基礎，就無法寫出自己想寫的詩文。

詩有詩的樣子，文有文的形式；詩文除了感受、除了意念之外，還得具有寫作的能力，還得用心構想作品的內容。因此從單純的意念到作品的字句，都得費些心思琢磨，才能寫出夠水準的篇章。今筆者分述一套有關新詩琢磨的方法如下：

一、**主題琢磨**：因外界的事物或內心的感受，而引起寫作的動機，而引發諸多的意念時，必須先從諸多的意念中，選擇一個最深刻、最真切的意念做爲詩的主題，做爲作品的主線，才能將抽象的理念，落實在具體的紙面之上；才能把只是感官的活動，寫成一篇一篇的詩文。如楊鴻銘四季行板的第一章春：

一陣東風
點燃春的引信
奔放的綠

嬉嬉鬧鬧

在樹的梢頭競逐

曾與妻子張梅娜女史開車上陽明山賞景，妻子看了路樹梢頭迸發的嫩芽，問我能否使用「奔放」兩字來形容。我說可以，並以「梢頭的綠，奔放在陣陣的東風裡」造句。回到家裡，想想何不以「綠」爲主題，描寫「綠」在春天「奔放」的情景，於是寫了春這首小詩。春詩寫好之後，我以一季一個主題相同的結構，再寫夏、秋、冬詩，合成四季行板一篇完整的詩歌。

**二、布局琢磨**：主題是詩文的思想，是作品的靈魂。主題確立之後，就得思考段落的結構與章法的組織。想寫幾個段落，想用什麼筆法，想採何種形式，想說那些內容，正是布局時必須同時考慮的問題。如四季行板的第二章夏：

夏的旋律

灑在葉上

竪琴的雨滴

彈去暑熱

撥來一季清閒

夏詩以「雨」爲主題，將「雨」與形容雨的「竪琴」對調描寫，而把全詩分成兩個錯落的布局：「夏的旋律，灑在葉上」如果直寫「雨的水滴，灑在葉上」，則無趣味可言；因此以雨滴如豎琴般優美的旋律，清脆的掉在樹葉之上，而描摹下雨的情景。「彈去暑熱，撥來一季清閒」，如果直寫「除去暑熱，帶來一季清閒」，則無詩意好說；因此以豎琴的彈、撥指法，將暑熱彈去，把清閒撥來，使詩在「雨」與「琴」聲刻意的錯落之下，布局成一幅可聆可賞的夏季雨中美景。

**三、塑境琢磨**：境可以平面，也可以立體；可以是眼前的一度空間，也可以穿過歷史的數度空間；可以只是眼前的事物，也可以包含古今多重的時間。把境當做背景，以烘托詩裡的氣氛；或以境為主體，直接寫出詩的情景，都有待於作者用心的思考。如四季行板的第三章秋：

楓紅是火
燒著山林
熊熊的秋
映在雲上
照亮黃昏的夕陽

秋詩以「楓」為主題，採立體的空間塑境，將豔紅的楓映在雲上，再以火紅的雲照亮黃昏的夕陽。藉楓葉的紅，使大地、雲天與遠陽三者，連成一個三點的立體空間，使天與地在紅的楓中相互輝映，渾然相融，而寫出濃濃的秋意。

**四、語氣琢磨**：文言特殊的語法，語體獨有的特質，時代常用的字句，作者行文的習慣，流露在作品之中就是風格，就是語氣。在行文的語氣上，除了製造特殊的效果外，語體與文言最好不要混用；在作品的語氣裡，應該配合詩文的情境而隨時變化，才能在新詩的寫作上，表現出多樣的姿彩。如：

四季行板的第三章秋，原來的草稿是「如豔如火，遍燒山林，楓樹的葉，染紅了雲，照亮向晚的殘陽」。「如豔如火，遍燒山林」，含有文言的語氣；「楓樹的葉，染紅了雲」則純屬語體；一文言，一語體，語氣上下不通不順。至於末句「照亮向晚的殘陽」，詩意雖較定稿「照亮黃昏的夕陽」濃，但「向晚」與「殘陽」卻比「黃昏」與「夕陽」來得拗口。因此在力求清暢的前提下，筆者做了幅度不小的修改。

**五、修辭琢磨**：在新詩的寫作上，字句最好是新的，語詞最好是創的，文言的語句除了特殊的考慮之外，能不用就不用；舊有的典故必須加以活化，以避免一再的沿襲。修辭的方法很多，但新詩應在一般常用的技巧之外，另闢蹊徑，另做突破，才能寫出與眾不同的新辭法。如：

四季行板的第一章春「嬉嬉鬧鬧」一語，原來寫做「爭先恐後」，但因「爭先恐後」只是套用成語，不但沒有新意，而且無法形容「綠」的奔放，所以改為「嬉嬉鬧鬧」。

四季行板的第二章夏「撥來一季清閒」，本來寫做「撥來一季清涼」。「清涼」可與上句的「暑熱」相對，意思雖較「清閒」貼切，但其意境卻遠不如「清閒」兩字；因爲人在「清涼」之後，自然就會產生一分難得的閒情。

**六、練字琢磨**：用字簡潔，才能嚴謹詩的結構；用字新穎，才能不落一般的俗套；用字凝鍊，才能豐富全詩的意涵。詩的文字本來就少，所以用字必須經濟；詩的意象須多，所以得用最少、最精準的文字，表達最多、最貼切的意思。如四季行板的第四章冬：

輕輕的雪
飄來窗前
隨手撿起詩意
一句一句
寫在冬裡

「輕輕的雪」，如果改成「輕柔的雪」，意象似乎較爲豐富；粗覽之下，好像兼具重量的「輕」與質感的「柔」。但「輕柔」的「柔」感，卻無法「飄來窗前」；疊用「輕輕」兩字，反而能使「飄來窗前」顯得更爲輕盈。「隨手撿起詩意」，用「撿」而不用「拾」，只因「撿」字較「拾」隨意，而且「撿」字讀來也較「拾」字順口。

**七、音韻琢磨**：在新詩的韻腳上，有人依照古音押韻，有人則以國語的韻母諧韻。以古音押韻貴在求其自然，以國語的韻母諧韻，雖然不合詩的古韻，但也未嘗不可。其實新詩對於音韻的要求是抑揚頓挫，是平仄相間，是讀來即能朗朗上口。如：

四季行板的第一章春「在樹的梢頭競逐」句，如果寫成「在樹的稍頭追逐」，則從句端「在樹」兩個去聲以下，全屬平聲（以國語發音）。將「追」改爲「競」（去聲）字之後，詩句讀來才能抑揚有致。

新詩的形式可以不按常軌，新詩的內容可以獨出己意，新詩的寫法可以多所變化。但新詩也是詩；既然是詩，就得有詩的樣子，就得有詩的情境。如以非詩文的形式表現，而在紙上玩弄文字圖畫；或以非文學的內容鋪陳，而在詩裡擺進一些奇怪的字眼，即使想把它視爲正式的作品，大概也會覺得有一些勉強吧！

（國文天地169期，民國88年6月）

# 第九章　新詩主題的寫法

主題是作者透過文字，想要表達的思想情感；是作品完成之後，讀者據以覽閱的線索。詩文沒有主題，詩文只是一堆沒有意義的文字而已；主題不能鋪展成文，主題只是一個簡單的意念罷了。將意念化成詩文的主題，然後依序敷陳成文，正是文學創作必經的過程。

在文端明示主題，然後以白描的手法鋪寫，雖然清楚，但卻少了曲折與變化的美感。如果能以各種筆法引進主意，能從各個角度帶入題旨，不但可使詩意涵蓋的層面更廣，而且可使詩的意象更爲鮮明。今筆者提出一套引入新詩主題的方法如下：

**一、從推論到結論**：以外圍的某一意念向內延伸，以演繹的方式逐步進入題意，最後才將結論做爲主題，明示作者所想表達的意思，可以使詩經過演繹之後，再用歸納的手法，得出較爲完整的主題。如楊鴻銘地球的第一章：

偶然存在
莫名的太陽星系中
沒有目的
沒有理由

就是偶然

以「偶然存在」表達寫詩的意念，以「莫名的太陽星系中」敍其情境，以「沒有目的」敍存在的動機，以「沒有理由」敍存在的意義；經過三層演繹之後，歸出「就是偶然」的結論，一方面肯定詩端「偶然存在」的意念，另一方面則以具體的主題，做爲全詩鋪敍的張本。

**二、從並敍到側重**：把諸多的現象一一羅列，或將可能的原因擺在眼前，然後再從並列的意念中，擇取一個做爲主題，不但可以拓展詩文涵蓋的層面，而且也能寫出較爲深刻的主題。如地球的第二章：

偶然的山
偶然的樹
偶然的人
每天隨著地球
又是自轉，又是公轉
轉得暈頭轉向
轉得忘記自己
只是一個偶然的偶然

詩端首先並敍山、樹、人「偶然的山，偶然的樹，偶然的人」，然後捨去山與樹的意念，專以人爲主題，鋪寫「每天隨著地球，又是自轉，又是公轉，轉得暈頭轉向，轉得忘記自己，只是一個偶然的偶然」。詩從存在地球諸多的生物裡，選出山、樹、人做爲代表；再從山、樹、人的並敍裡，側重在「人」的身上著墨；從此以「人」做爲詩的主體描寫地球，地球在詩裡的意象，才能一致而不紊雜。

**三、從過程到結果**：以事情的經過、景物的描寫或情感的抒發，做爲詩的主體一路鋪陳，且自然而然得出結果做爲詩的主題，可使詩在合理的情節與明確的交代之下，強化詩中所想表達的意思。如地球的第二章：

每天隨著地球
又是自轉，又是公轉
轉得暈頭轉向
轉得忘記自己
只是一個偶然的偶然

「每天隨著地球」，敍其情境；「又是自轉，又是公轉」，敍轉的方式；「轉得暈頭轉向，轉得忘記自己」，敍轉的情形；「只是一個偶然的偶然」，則是結果。以轉的方式、轉的情形敍其過程，得出結果「偶然的偶然」明示詩的主題，詩的轉折頗爲自然。

**四、從本質到變質**：先敍本質，再將本質變化的情形細說從頭，最後得出已經變質的樣子做為詩的主題，可使詩意首尾相承，今昔前後對比，詩境遙相照應。如地球的第三章：

本來海天相連的圓
開始圍起藩籬
切成無數的方格
人們把它叫做「國土」
於是溫室效應
從臭氧層的破洞
鑽進割裂的圓裡

以「海天相連的圓」爲本質，因「開始圍起藩籬，切成無數的方格，人們把它叫做國土」而割裂；因「於是溫室效應，從臭氧層的破洞，鑽進割裂的圓裡」而變質。詩以圓的地球做爲主體，從圓的海天相連，敍及「切成無數的方格」；從渾然相銜的圓，敍及「割裂的圓」；詩裡的圓前後照應，詩裡的境首尾一致，但詩中的質卻已經有了變化。

**五、從偶然到必然**：偶然是突發或不經意的現象，必然則是一定的結果。從偶然寫到必然，可使詩的主題明確；從必然寫到偶然，可使詩意餘波蕩漾。如地球的第四章：

本來藍綠遮覆的球

開始鑿挖土石
建造欲望的都城
人們把它叫做「文明」
於是輻射
躲入工業的颶風
吹在進化的球上

偶然存在的地球「本來藍綠遮覆」，卻因人們「鑿挖土石」，「建造欲望的都城」；爲了文明、爲了工業而破壞自然，而製造污染，而導致必然的毀滅。地球的存在是偶然，藍綠的遮覆也是偶然，但人爲的結果則是必然。從偶然的現象寫到必然的主題，詩在敍述之中自有議論。

**六、從否定到肯定**：以假設或不合理的情事布置情境，然後提出一己的看法或駁正舊有的觀念，可以表達作者的情志，可使作品具有深刻的思想。如地球的第五章（地球計五章）：

二十一世紀即將來臨
聰明的人
再啟動科技的怪手

將偶然與必然對調
然後
安心活在
人定勝天的傳說裡
完全不理
偶然的地球
正朝著必然的死亡
一路滾去

否定「聰明的人，再啓動科技的怪手，將偶然與必然對調」；因爲偶然存在的地球，受到人爲的破壞之後，必然毀滅。否定聰明的人「安心活在，人定勝天的傳說裡」；因爲活在地球，只是偶然。人對自然，至今仍然無法窺其究竟；企圖以人勝天，只是傳說，只是神話；完全不理「偶然的地球，正朝著必然的死亡，一路滾去」，不但無法避免禍患，而且還可能提早災變的到來。詩從偶然與必然不能對調、人不能勝天的否定，敍及地球必然死亡的肯定，詩的主題頗爲鮮明。

如將主題放在詩端，必須採用譬喩、擬人、誇飾或其他的修辭，才能使詩具有盎然的趣味。如從外圍寫入核心，或以情事帶進主題，則須注意情事是否切題，起筆是否太遠，否則就有偏題或離題的危險。當然，不把主題明說，但題意卻能鮮明、深刻的呈現出來，則是新詩寫作的高手。

（孔孟月刊439期、民國88年3月）

# 第十章　新詩布局的方法

意念可以是詩的主題，也可能只是寫詩的動機。如果是動機，則以此一意念引發的思緒，必須滙於一渠之中，才能理出條路，鋪陳成篇。如果是主題，則應以此意念做爲主幹，然後向外伸展枝椏，推演而成詩的布局；向內深植根基，探求而成詩的思想，才能把抽象不羈的意念，寫成一首一首的好詩。

徒有意念，不足以成詩；經過布局之後，意念才能具體寫在紙面之上，意念才能將其意象呈現在讀者的眼前。詩是文學的一種，所以文章的布局方法可以適用於詩；但因新詩只要情境完足，章與章的聯絡、句與句的銜接，都能不按常理而出自己意；章的安排可以割裂，也可以穿插；句的順序可以顚倒，也可以跳接；因此詩的布局不但比文章靈動，比文章多樣，而且可以隨心所欲。今筆者提出六種新詩布局的方法，希望能夠給您更多的觸發：

**一、形式布局**：意念成爲主題之後，捨棄傳統以意爲主的寫法，而單用詩的形式，或並採形與意表達的方法，叫做形式布局。以形式來表意，從形式就能看出詩想說的是些什麼。結合形與意，形可以強化主題，形能使意更爲鮮明。以形式爲主的布局，可以遊戲，但卻不能詭異，否則就有失文學創作的精神了。如黎青石頭：

在以色列　我看到

海畔　地上　石頭
荒丘　古堡　石頭
廢墟　鄉鎮　石頭
綿羊在石礫中尋覓青草嗅下了　石頭
駱駝在坎坷的板路上淌汗踢躂著　石頭
牧羊人在砂山石礫中棲宿頂撞到　石頭
耶穌在雪白沾血的地下產房初張眼眸看望到　石頭
耶穌爲阿伯拉罕造出了子孫揑揑塑塑　石頭
猶太人洗濯軀體的缸缸罐罐敲敲鑿鑿　石頭
埋著手腳和包裹著蔴布屍骸的墳墓前面擋住　石頭
耶穌負馱著十字架一級一級響著
　沉重和憂傷的聲音　石頭
偌大的耶路撒冷聖宮是
　平滑　剔亮　雕刻閃閃的　石頭
默罕墨德的魂靈從麥加飛來住進了

光芒　斑爛　豪華聖潔的　石頭
虔誠的男女伏靠在西方城牆上
悲愴的哭聲細細長長震撼著　石頭
一塊長方形的棺柩　石頭
整齊排列著石棺的墓園　石頭
被撬走被盜竊了石塊的荒野　石頭
被修建再豎立起來的碑碑坊坊　石頭

在以色列的石頭上，綿羊在這裡吃草，耶穌在這裡誕生，默罕墨德在這裡出現。在以色列，在石頭上，無數的殺戮，排起一行一行的石棺；無情的戰爭，修築一塊一塊的碑坊；無辜的人民，流下一滴一滴的眼淚。本詩以石頭橫躺在地上，建造以色列血跡斑斑的歷史；以石頭排在底格，低吟以色列人的遭遇。石頭，是以色列的象徵，也是全詩賴以表情達意的基礎。因爲以一排排的石頭橫截詩韻，聲音到此戛然而止；以舒緩的長句架在短促的石頭之上，全詩頗有突兀的美感；以多樣的記事與不變的石頭兩相對比，石頭的歷史更能盤固在你我的心中。

**二、形構布局**：詩於下筆之前，先在心中設想，選擇章法的組織、語法的規則、句型的順逆或文辭的遣用做爲鋪敘的張本，然後拿起筆來循序完成，叫做形構布局。形構布局係先思考，然後下筆；下筆之前詩的格局已經大致成形，因此如何想出最精警的立意，最意外的寫法，正是形構布局最主要的課題。如余光中旗：

高處必定風勁
敢站出來
就不怕風險
敢露天屹立
就不怕孤立
平靜的日子不動聲色
要等風起
才霍霍的招展
鮮明的本色
誰說孤掌就難鳴

本詩計分四小節：首節「高處必定風勁」，敍其情境。次節「敢站出來，就不怕風險；敢露天屹立，就不怕孤立」，直承前提，連以兩組排比說明「高處必定風勁」，想要有所表現，就得付出一定的代價。三節「平靜的日子不動聲色，要等風起，才霍霍的招展」，結束前兩節之後，又轉出新的情境。末節「鮮明的本色，誰說孤掌就難鳴」，總結上文，敍不怕風勁，不怕孤獨，不怕風起；因爲本色鮮明，雖然孤掌，還是要鳴。全詩先設情境，然後鋪敍，然後轉折，然後收束，組織頗爲嚴密。

**三、意象布局**：不以明白的意直接敍述，而以隱約的象間接鋪寫，叫做意象布局。以擬人轉換敍述的口吻，以譬喻活化篇中的文辭，以象徵含蓄詩裡的意思，方法很多，但其特色則在均以意象表意，均能在詩的題旨之外，贏得更多的趣味。如今人的詩：

夏長晝永
山深如古鐘
要多少寂靜才注得滿呢
這樣渾圓的一大口空洞
這一帶山間有一位隱士
他來時長袖翩翩地飄擺
把廊外一排排高肅的古松
不經意輕輕地撫弄
弄響了千弦的翡翠琴

以「古鐘」譬喻深山，以「隱士」譬喻微風，以「撫弄古松」譬喻風在林間穿梭，以「彈奏翡翠琴」譬喻風吹在樹上的聲音。全詩以譬喻的手法敍寫，以譬喻的意象成篇，詩裡詩外洋溢著雋永的趣味；唯有透過譬喻，才能瞭解詩的意思。

**四、意識布局**：以舊有的經驗、舊有的認知、舊有的典故或舊有的事例鋪寫心中的意念，叫做意識布局。意識，是學習的知識，也是體會的心得；以意識做爲寫詩的材料，不能只是原地搬弄，而應多做變化，多做嘗試，才能推陳出新，才能化腐朽爲神奇。如楊牧延陵季子掛劍：

在早年
弓馬刀劍本是
比辯論修辭更重要的課程
自從夫子在陳在蔡
子路暴死，子夏入魏
我們都栖遑地奔走於公侯的院宅
所以我封了劍，束了髮，誦詩三百
儼然一能言善道的儒者了……

「在早年，弓馬刀劍本是，比辯論修辭更重要的課程」一節，是全詩的綱領，也是全詩立論的主題。可是後來因爲士子想求仕進，以施展抱負，所以孔子周遊列國，卻被困在陳蔡；子路遇害，子夏入魏爲師；眾人熙熙攘攘，競以言辯美辭盼能求得一官半職，因此弓馬刀劍已經不再被人重視。末節則回到現實，作者自敍封劍束髮而成儒者，以反諷的筆觸，敍己違背儒者本善弓馬刀劍的原意收束，蕩起足以令人無窮省思的餘波。本詩將舊的典故裁剪之後，加入新的主題而成新的布局，而完成這篇又舊又新的作品。

**五、情節布局**：以詩的主題構想一段情節，且在詩裡敍述完整的情節，叫做情節布局。以情節爲主的布局，詩中想描寫的景，在情節中依次呈現；想傳遞的情，也在情節中以明示或暗寓的文字表達；因此無論抒情或寫景，都能採用這個方法。如劉大白秋晚的江上：

歸巢的鳥兒
儘管是倦了
還馱著斜陽回去
雙翅一翻
把斜陽掉在江上
頭白的蘆葦
也妝成一瞬的紅顏了

本詩計分三節：鳥倦了，仍然馱著斜陽回去，敍歸的情境；第一小節。因爲太疲倦了，所以在失去控制之下，雙翅一翻而掉落了斜陽，敍歸的途中；第二小節。因爲斜陽掉入海中，餘暉映在水上，而把白色的蘆葦染成了紅色，敍其結果；第三小節。從倦到歸，從歸到馱，從馱到落，從落到映，詩意依序鋪寫，情節已經完足。

**六、情境布局**：情節係以意念爲主，鋪寫一段有頭有尾的經過；情境則以詩的題旨爲主，營造一個自足的意境；境中的事物，有先後、有次序、有其一定的安排，叫做情境布局。情境布局的境，有時是動的，如黃昏到日落、月夜到西斜；有時是靜的，如湖邊寧靜的景物、雨下無端的遐想；有時是以境來寫情，以境來敍事，並以情事的發展構築一個完整的詩境。如羅門車入自然：

車急馳
太陽左車窗敲敲
　　右車窗敲敲
敲得樹林東奔西跑
敲得路迴峰轉
要不是落霞已暗
輪子怎會轉來那輪月

本詩以敲、跑、轉三個情境構成：在太陽的映照（敲）之下，急馳的車子忽左忽右，車外的樹林也忽右忽左的倒退著。因爲忽左忽右，所以峰迴路轉；雖然落霞已暗，車子仍然不斷的跑著，輪子仍然不斷的轉著。轉著，轉著，天色昏暗了，月亮升起來了，但輪子還是繼續的轉著，所以說「輪子轉來了那輪月」。詩句上下相承，詩意在詩的情境裡不但具體，而且生動。

意念是創作的動機，也可以做爲詩的主題，但卻不是詩的主體。因此有了詩的意念，可以朝意念的方向、意念的範圍，甚至以另類的思考來構想。只要具有詩的樣子，只要具有文學的特質，詩的布局不但可以自由，而且還能從心所欲！

（孔孟月刊437期、民國88年1月）

# 第十一章　新詩描寫的方法

就時間而言，從古往今來的時間中，截取一段或固定在某一定點之上；就空間而言，從上下四方無限寬廣的領域裡，畫定範圍或停在某一地區之中；然後以此時空爲其背景、爲其情境，而填入自己所想描述的人、事、物，叫做描寫。描寫因爲作者欣賞與取捨的觀點不同，而使同一對象寫成作品之後，有了迥然而異的形彩。今筆者分就十六個角度，提出一套新詩描寫的方法，也許可以提供您一些參考：

**一、定格描寫**：將眼睛停在某一定點之上，而以細膩的、深刻的筆觸，仔細刻畫或重點突顯，叫做定格描寫。**定格描寫必須廣度的拓境，並深入的探討**。如商禽涉禽：

從一條長凳上
午寢
醒來
忘卻了什麼是
昨日

今天
把自己豎起來
伸腰
呵欠
竟不知時間是如此的淺
一舉步便踏到明天

以「從一條長凳上，午寢，醒來」爲其基點，深入探討時光易逝：「竟不知時間是如此的淺」，與人在時間的流裡，常有不由自主的疏忽：「忘了什麼是，昨日，今天」。本詩雖然深入的探討，但探討的文字仍然停在「一條長凳」的體悟之上。

**二、無限描寫**：將眼睛望向遠方，而以馳騁的思緒敍寫眼所見、耳所聞，或眼未及見、耳未及聞想像中的景物，叫做無限描寫。定點描寫是就一主題，深入或廣度的設想；無限描寫雖然無限，但在想像之中自有一定的界限。又，**無限描寫敍其無限時，須將景物寫得如眼親見、如耳親聆一般**。如葉維廉沒：

萬里的

山石
流泉似的
一線
一線的
滲入
洶湧的
黃沙裡

眺望遠方，遠處的山石有如流泉一般，一景一線慢慢消失在一望無垠的黃沙裡。這是以眼睛的一點，拓及無限空間的寫法。

**三、動態描寫**：將活動時人、物的情態，以具體或速寫的方式描述下來，叫做動態描寫。**動態描寫須在動態之中，加入作者的意念與想像。**如白荻天王星：

一隻鳥飛進天空，即
擁有天空，管它是
一直一直地伸到美洲那一邊

「一直一直地伸到美洲那一邊」，是飛鳥寫實的動態，也是作者想像天空展延的情形，使本來靜定的天空，因鳥飛進而充滿了動感。

**四、靜態描寫**：將靜止之中人、物的情態，忠實或加以變化的記寫下來，叫做靜態描寫。**動態描寫如能加入一些作者想像的意念、靜態描寫如能加入一些似動而靜的手法，則其作品必有更多的趣味。**如洛夫金龍禪寺：

晚鐘

是遊客下山的小路

羊齒植物

沿著白色的石階

一路嚼了下去

靜態的金龍禪寺，卻以動態的晚鐘響起，與看似動態、其實只是轉化手法的靜態「羊齒植物，沿著白色的石階，一路嚼了下去」來描寫，頗爲生動。

**五、具象描寫**：將人物外在的輪廓或事情的經過，以細膩刻畫或重點敍述的方法描寫下來，叫做具象描寫。**具象描寫在具象之中，必須加入動作、加入作者的聯想或觸發。**如林煥彰清明：

如果下雨，應該是三月；如果是細細地，

那應該是在清明時節。而路，路則應該泥濘，

讓我們一步一個腳印，一駐足一朵沉思。

三月清明時節，雨細細的、路泥濘的，是具象的描寫，但在具象之中，卻有「讓我們一步一個腳印，一駐足一朵沉思」抽象的聯想，使詩從眼前的景物，頓時輕盈了起來。

六、**抽象描寫**：將人的情思或人對事物的感覺，以想像的筆法描寫下來，叫做抽象描寫。**具象描寫重在栩栩如生，抽象描寫重在新穎高妙；如能在具象之中加入一些想像，將想像的事物寫得如在眼前，才能隨心所欲淋漓的描寫。**如吳錫和窗：

思想的弓拉動時間的小提琴

韋瓦第的四季

明媚了我窗前的風景

思想是生活的觸媒，音樂是時間的藝術，所以說「思想的弓」「拉動時間的小提琴」。聆聽「韋瓦第的四季」的小提琴協奏曲，使人如處自然之中，所以說「明媚了我窗前的風景」。詩在抽象之中，卻有眼見耳聆的趣味。

七、**平面描寫**：將某一線、面或從某一角度，以平面的觀察敘寫景物，叫做平面描寫。**平面描寫須在平面之中，盡量的將其平面動態的伸展開來。**如吳晟路：

自從城市的路，沿著電線桿

——城市派出來的刺探

一條一條伸進吾鄉

漫無顧忌的袒露豪華
吾鄉的路，逐漸有了光采

路沿著電線桿，從城市伸入鄉村，使樸實的鄉村有了豪華的光采，這是平面的描寫；這是在平面的描寫中，加入動態的手法，而將平面無限的伸展開來。

**八、立體描寫**：將定點、某一線面或兩度以上的空間，以立體的角度敘寫景物或經過，叫做立體描寫。**立體描寫須在立體之中，自成完足的境界**。如楊芊小詩：

人們散了後的秋千，
閒掛著一輪明月。

「秋千」與「明月」一上一下，兩個平面，經由「掛」字而頓時形成立體的景觀，且在一架「秋千」與一輪「明月」的相映之下，自然成趣。

**九、共相描寫**：將一般的、普遍的或熟悉的、常見的景物描寫下來，叫做共相描寫。**共相描寫須在熟悉之中，寫出自有不同的內容**。如梅新蝙蝠洞：

蝙蝠飛翔
夜盪漾
在夜裡
蝙蝠洞

擴展
擴展
擴展到我窗前來了

描寫蝙蝠飛行，本來並不稀奇，但本詩卻以「盪漾」二字，極寫寧靜的夜裡，靜得有如靜止一般，即使小小的蝙蝠飛翔，也能把整個暗夜盪漾起來。又，蝙蝠飛翔時會發出音波，作者模仿音波向四周擴散的情形，而以「擴展，擴展，擴展到我窗前來了」，將蝙蝠洞無限的延伸開來。因夜的「盪漾」與蝙蝠的「擴展」，本詩在熟悉之中，自有不同的寫法。

**十、殊相描寫**：將特殊的、稀有的，或獨見的、難得目睹的景物描寫下來，叫做殊相描寫。**殊相描寫須在平凡之中見其特殊，在特殊之中以親切拉近讀者的距離**。如非馬電視：

一個手指頭
輕輕便能關掉的
世界

卻關不掉
逐漸暗淡的螢光幕上

一粒仇恨的火種
驟然引發熊熊的戰火
燒過中東
燒過越南
燒過每一張
焦灼的臉

因爲電視報導世界的動態與新聞，所以關掉電視，世界就在眼前消逝了，特殊之中也很親切。

**十一、形彩描寫**：將景物的形體、外觀或色彩、儀容描寫在字句之間，叫做**形彩描寫**。**形彩描寫如能兼具聲音與動態的美感，則更生動。**如周策縱讀書：

他躺在床上讀書
從甲骨文直讀到草書
把頭髮越讀越白了
他用手去摸一摸西施的笑
她噗哧一聲發嗔說
你當初爲什麼不呢

從甲骨文到草書，是時間的描寫；頭髮越讀越白，是年齡的描寫；西施的笑，是投入的描寫；爲什麼不呢，是想像的描寫。有形有聲、有實有虛，短短數句，內容頗爲豐富。

**十二、聲音描寫**：將景物本身的、外在的聲音，以模仿的或主觀的手法描寫在字句之間，叫做聲音描寫。**聲音描寫除了狀聲之外，如能加入形彩、或以詩純粹的排列形式取勝，更能寫出動人的作品。**如葉維廉更漏子：

月
駭然湧出
驚醒
單身宿舍閣樓上的
一群灰鴿子
滴咕
滴咕
如水塔上
若　斷若續的
滴　漏

月駭然湧出驚醒鴿子，在內容上有突如其來的動感；「如水塔上，若斷若續的，滴漏」，在形式上，有狀聲若斷若續的描寫。尤以「若斷若續的」句，不是譬喻；「滴漏」，又是譬喻，更是趣味十足。

**十三、隨意描寫**：將偶然的、自然的或不經意的、不預想的景物寫成作品，叫做隨意描寫。**隨意描寫完成後的作品，須有自足的情境**。如楊翼翔塞車：

塞車
就像一大群螞蟻
擠在一線狹窄的縫裡
等著
從被堵住的
洞口
出去
太陽下去了
月亮上來了
陷入高速公路的車子們
卻仍在

低低的夜幕下
一個一個
一個一個
張著圓圓的大眼睛

「夜幕低低的」，是感覺的隨意；「一個一個、一個一個，張著圓圓的大眼睛」，是視覺的隨意。本詩寫來隨意清新，但高速公路堵車的情形，不但清楚，而且就在眼前。

**十四、有意描寫**：將預想的、聯想的或有心的、刻意構想的景物寫成作品，叫做有意描寫。**有意描寫須在有意之中，寫出渾然天成的作品**。如楊鴻銘冬：

已經灑了滿地
冬風
仍然把雪搬來
不停數著：
一堆、兩堆、三堆……

冬雪一堆、兩堆、三堆，乍看之下似乎有意，實際上卻將下雪斷斷續續，這裡滿地、那裡成堆的情形，自然的呈現了出來。

**十五、明的描寫**：將眼見、耳聆或經過、感受的景物，以鮮明的意象，完整的或重點的呈現出來，叫做明的描寫。**明的描寫意象雖然鮮明，但在鮮明之中如能別具聲彩，則其詩意更濃。**如詹冰插秧：

水田是鏡子
照映著藍天
照映著白雲
照映著青山
照映著綠樹

農夫在插秧
插在綠樹上
插在青山上
插在白雲上
插在藍天上

以兩組整齊的排比，描寫農夫插秧的情形，字句淺白，意象明晰。但在形式上，卻將前後兩章「藍天」到「綠樹」的次序予以顛倒；在內容上，將本是插在水田的秧苗，插在水田倒影的綠樹、青山、白雲、藍天之上，詩在鮮明之中景趣盎然。

**十六、隱的描寫**：將自己所想描寫的景物，以詩意盡而不盡、或在詩中所布的點線，能使讀者想像出完足情境的方式敘寫，叫做隱的描寫。**隱的描寫詩中所布的點或線，必須足夠讀者用來想像或聯想，否則只能視為尚未完成的遊戲**。如渡也懺悔：

她走了
整個早晨
候車室空著的椅子都是我
揮手時的眼神

題為「懺悔」的詩，雖然只以別後空蕩的椅子為其主體，但在詩中卻已布下「她走了」的送別、「整個早上」的長時間、自己揮手時的「眼神」，三個可以串成「送別時才察覺自己從前的種種不是，送別後才後悔自己以前種種的行為」。文字雖少，情境卻頗完足。

只要用心，就有成績；只要嘗試，就有收穫。詩的描寫，可以同時站在不同的角度觀察、採入諸多可以深刻詩意的方法，並融和各種修辭而胎化出自己獨特的字句，這是新詩自由而不受格律拘束、自在而不必嚴謹如文的特質。

（中國語文547期、民國92年1月）

# 第十二章　新詩一致的寫法

以語體寫作而有別於文言古詩的詩體，叫做新詩。歷時未久的新詩，雖有隱然成形的趨勢，但對目前的創作者來說，卻可以自由的發揮，並沒有太多的限制。因此只要不泥於陳腐的習氣，可以脫胎前人的語詞；只要不囿於怪異的形構，可以轉化歐美的句型；更可以一己之意獨樹一幟，而寫出不與俗流的作品來。

拿起筆來寫作新詩時，由於受到駢散之文的影響，自然而然就會採用整齊的筆法行文。所謂整齊，並非一成不變的排比黏聯到底，而須在合情合境的前提之下加以變化，才能免除單調呆板的印象，才能在一致之中而有錯落的美感。今筆者提出一套一致行文的方法，並寫「春」詩做爲例子：

**春**

你終於來了
不曾失約過

沒有孤獨的蹄聲
沒有喧嘩的簇擁
我只能聆聽東風的低語
感覺你的腳步

不見你怯怯的招手
未投我蕩漾的笑顏
我只能細察初泛的溪水
知道你　就在身旁

想把酒言歡
你　不可捉摸
想促膝長談
你　無聲無息
但和煦的陽光
長出了你梢頭的生意

你遍地的喜悅
你如茵的熱情
不曾失約過
你終於來了

一、**情境一致**：字句可以決定詩文是否可口，但新詩的成敗，卻在情境是否完足之上。完足一致的情境，除了表現作者的意象之外，更能具體建構一個詩的意境。如春一詩：

以「你終於來了，不曾失約過」做爲主題，以東風、溪水敍寫期待的心情，以遍地綠意敍寫春已來到，末了回到主題收束全詩，情境自然完足。

二、**情景一致**：不管敍述或抒情，詩中鋪陳的事物前後必須一致，詩中抒發的情感，必須與其景物兩相襯合，否則就有彼此乖違、不知所云的情形。如春一詩：

以春天的東風、溪水、陽光記寫景物，以生意、喜悅、熱情抒發情感，情與景兩相融和。

三、**整齊一致**：以排比的句型鋪寫相近的景物或意念，可以深化詩中的主題，並製造整齊的美感。如春一詩：

「想把酒言歡，你不可捉摸；想促膝長談，你無聲無息」兩句，以排比整齊的句型、以轉化擬人的辭法，敘寫了春來時人的感受。

**四、錯落一致**：排比的句型雖能營造整齊的美感，但如果反覆的使用，可能會有單調呆板的情形；爲了避免此一情形，可以在排比的句型中加以變化，使詩句具有錯落的效果。如春一詩：

「沒有孤獨的蹄聲，沒有喧嘩的簇擁」句，「孤獨的蹄聲」與「喧嘩的簇擁」，語序已經有所錯落；「不見你怯怯的招手，未投我蕩漾的笑顏」句，「不見你」與「未投我」，起筆已經有了變化。

**五、聲貌一致**：上一句尙未完足之前，不宜開啓新的語句；上一節還沒結束之前，不應敘述新的主題。在整篇的詩文裡，情境必須完足；在單章的字句中，聲貌必須相近，才能寫出和諧一致的詩文。如春一詩：

「沒有孤獨的蹄聲」一章，全以「聽」的情景抒寫；「不見你怯怯的招手」一章，全以「視」的情景抒寫，有形有聲，春的形貌淸楚歷歷。

**六、起結一致**：詩文的起筆與收束，本來各有各的筆法；但有時爲了營造反覆低吟或鮮明意象的效果，也常刻意以相同的字句起結，而使作品呈現一幅圓合的情景。如春一詩：

以「你終於來了，不曾失約過」起筆，以「不曾失約過，你終於來了」收束；字句的次序回文顚倒，但圓合的趣味仍然頗爲濃烈。

以一致的筆法寫詩，須在一致之中加以變化，才能避免單調與呆板。至於自由的發揮，或任性的抒陳，則須在異中求其一致的情境，才能寫出水準以上的作品來。

（中國語文479期、民國86年5月）

# 第十三章　新詩變化的寫法

整齊一致的寫法，可以產生美感，但也可能形成單調；所以駢文經過短暫的盛行之後，仍將主流還給樸實的散文。散行的文體，雖然較能直述個人的情志，但因文學與說話之間有段距離，文學須有一定的要求；作品除了「辭達而已」之外，仍須具有可觀的文采。因此駢散相間、散行加入駢儷的文句，至今形成散文作品重要的特色之一。

駢散相間，只是詩文語句變化的基礎；除了顯而易見的駢散相間之外，另有爲數更多、手法更爲細膩的方法可以採取。不論是篇、是章，或字句與修辭，只要用心，就能突破前人的窠臼，而創出屬於自己的語彙；只要多做嘗試，就能轉化前人的語句，而寫出更貼切、更具時代意義的作品；尤其在新詩的寫作上，更是如此。今筆者提出一套新詩寫作變化的方法，並寫「夏」詩做爲例子：

## 夏

從亙古走來
提著色盤

自然是我的畫布
繽紛是我的彩筆
累了就睡，一片斷黑
太陽又將把我叫起
任我揮灑

天是澄的
花是豔的
水是清的
億萬年的熟悉
這是我的傑作
我的堅持

也許
我將打翻畫板
濺滿一地

一地的金黃
我將暫時遠去
待盛滿綠綠的一盤
我將再來

**一、語詞變化**：同一意涵或同一情境，卻以不同的語詞表抒，使語詞在替代之後更爲活潑，辭彙在改易之後更爲豐贍，更能帶給讀者一分清逸與新穎的美感，叫做語詞變化。如夏一詩：

「天是澄的，花是豔的，水是清的」一節，以「澄」、「豔」、「清」替代習見的顏色「藍」、「紅」、「綠」，詩意頗爲盎然。

**二、字句變化**：伸縮字句，使章節在整齊之中自有錯落，這是新詩避免呆滯常被採用的方法。以參差的字句表抒相同或相近的意念，可使詩文與句型兼具整齊與錯落的美感。如夏一詩：

「這是我的傑作，我的堅持」句，如以「這是我的傑作，這是我的堅持」表達，就會顯得過於凝重。

**三、關鍵變化**：篇有篇旨，章有章意；在同一篇旨之下，章有章的主題。各章的主題，也許自成一個完足的情境；也許係由一、二關鍵的語句所主導。以一、二關鍵的語句主導整章、甚至全詩的方向，更能突顯作者高明的手法。如夏一詩：

首章「從亙古走來」、次章「億萬年的熟悉」與三章「我將再來」三句，俱以雄渾的氣勢振起各章的主題。

**四、本事變化**：詩文上下字句或前後章節之間，必須求其緊湊的含銜，才能避免各說各話、不相連綴的情形。上下詩文的銜接，除了字句的轉折、章節的承啓之外，還得注意情節是否連屬。情節的連屬有時是靜態的，在同一時空之內的，只要用語合其情境即可；有時是動態的，在不同時空之內的，此時就得隨著時空的轉易，而做不同情境的抒寫。如夏一詩：

夏天初臨時，「任我揮灑」；夏末將去時，「也許，我將打翻畫板」；情境的時空是流動的，抒寫時必須採用動態的作法來配合。

**五、筆法變化**：抽象的情景較難描寫，因此常以具體的事物來落實。以具體的事物描寫抽象的情景，象徵、影射、雙關或寓言的手法都可以採用，學者可以斟酌詩文的題材，而選擇自己最擅長的手法。如夏一詩：

「濺滿一地、一地的金黃」句，象徵秋已來到；「待盛滿綠綠的一盤，我將再來」句，則象徵明年夏天還會再來。

詩或文的寫法，本來就不必局限在某一範圍之內；尤其在新詩的創作上，只要詩境得以自然完整、詩意得以深刻周延，不管學者採取何種筆法，運用何種修辭，應該都能寫出不錯的作品。

（中國語文480期、民國86年6月）

# 第十四章　新詩新意的寫法

形式與內容，是決定詩文美惡的兩大要素；但決定形式與內容好壞的關鍵，卻只在是否具有新意之上。因爲與眾不同的形構，馬上可以給人一股強烈的震撼；獨出胸臆的立意，直接可以悸動讀者內在的心田。

古往今來從事創作的人很多，流傳至今廣被閱讀的作品也不少，但人云亦云、隨步趨從的篇章，仍佔多數。因此偶有一、二穎異不俗的作品，猶如沙漠之中鮮嫩的綠洲，往往會使我們低迴良久。我們今天從事創作，如果只是因循沿襲，如果未能走出新的境地，就只能在浩繁的篇籍中，加入一些庸俗的篇章罷了，我們還能奢談些什麼？

事實上，文必己出，並不容易；但從前人脫胎轉化而成新的語詞，卻不太難。因此不管立意或架構，不論是篇章，是字句，還是修辭，只要能從前人的字句裡脫穎而出，而以現代的語體文，寫出自己切身的感受，也可以視爲創意的表現。今筆者提供一套新詩創意的寫法，並寫「秋」詩做爲例子：

## 秋

巧手的剪

裁製一裳新裝
冗葉紛紛凋下
形成一季的殘落

渲染金的穗浪
綴上楓林的紅
還有
斜陽一海
漂泊的西風
縫來今年新款的盛服

披著
走進東籬
品一菊陶潛的醉
輕輕的
把秋袖捲起

揭開古老
古老的記憶

一、**創發新意**：在相同的題文或題材裡，從不同的角度，言人所未言；或以迥異常人的觀點，選擇無人嘗試、無人觸及的描寫手法，叫做創發新意。創發新意往往可以給人耳目一新的感受。如秋一詩：

以造物者爲裁縫師立意，因此已經走出習見的秋詩之外。

二、**觸發新意**：從前人的作品裡汲取營養，或從前人的觀念中再出發，寫出既典雅而又新穎的字句，提出既熟悉而又別出心裁的看法，叫做觸發新意。觸發新意雖有所本，卻須具有新的生命，否則只是掉掉書袋而已。如秋一詩：

歷來關於夕陽的描寫，有斜暉脈脈，有斜陽滿地，有遠燒入秋山；本詩卻認爲「斜陽一海」不但壯闊，而且具有動態輝映的美感，足以使天地無垠的時空蕩漾了起來。

三、**襲化新意**：從前人的典故、事例或言談之中，鎔鑄自己的手法與想法，而寫出既承襲、又脫俗的作品，叫做襲化新意。襲化新意不是直接的援引，因此頗能生動詩文的氣氛。如秋一詩：

「走進東籬，品一菊陶潛的醉」一節，雖然採用陶潛的典故，但在短短兩句之中，卻已經道盡了陶潛隱逸的情境。

**四、品轉新意**：改易字詞的詞性，使改易之後的字詞，同時兼具兩種以上詞品的特質，叫做品轉新意。品轉新意因爲改變了原來的詞性，所以必然生動；因爲兼具詞性的特質，所以詩文的情境必然寬廣。如秋一詩：

「品一菊陶潛的醉」句，「品」字常被用做名詞，但在本句卻轉爲動詞；品轉之後不但具有「飲」意，而且還有「品味」的意思，情境已較「飲」字寬廣多了。

**伍、擬賦新意**：以擬人或擬物的辭法轉化文意，使事物具有人的情感，或使人類具有物的特質，而在原來的質性上，賦予新的意涵，叫做擬賦新意。擬賦新意因爲加上人或物的質性，所以詩意顯得更爲豐富。如秋一詩：

「漂泊的西風，縫來今年新款的盛服」一節，「西風」本來單純，賦予「漂泊」的性格之後，頓時將穗浪、楓紅、斜陽縫成一襲盛服，頓時有了隨時來去的動感。

初學新詩的人，通常係從前人的作品中，轉化出新的寫法。但有心的創作者，除了轉化前人的字句之外，更應進而鎔鑄新辭，寫出人所未言、人所未發的好作品，才能體會「新意」二字眞正的意義。

（國文天地145期、民國86年6月）

# 第十五章　新詩過峽的寫法

承啓詩文的轉折文字，叫做過峽。過峽的方法很多：可以直承上文循序的開展，也可以收束上文而另啓新境；可以明置文端一目瞭然，也可以彼此呼應而脈貫全文。可以排列的方法過峽，過峽只在形式之上，與全詩的詩意無涉；也可以寓含的情志過峽，過峽藏於字裡行間，從形式上無從窺其端倪等等，不一而足。

一氣呵成的詩篇，轉腔換調之處必須稍做停頓；停頓再寫，已經轉入了新的情境。結構謹嚴的文章，迴旋轉折之際也應步步趨隨；步步趨隨早已緊密了上下的字句。善用過峽的方法綴字而成章，聯章而成篇，正是詩文創作無法省略的過程。今筆者提出一套新詩過峽的方法，並寫「冬」詩做爲例子：

## 冬

褪下滿樹的楓紅
披上一襲刺眼的白紗
在時空的故事裡停滯

凍出一片蒼茫

白雪皚皚
吞沒最後一息溫熱
軍隊又冰又冷
在俄國
意氣風發不再
拿破崙終於徒呼奈何

且吐一口氣
隨凜冽的寒風
化做一道銀色的路
讓聖誕老人乘著麋鹿響起
撒下漫天的夢

有時冷峻

有時濃郁
但你總是
輕得沒有質量
厚得使人難以舉起

**一、總啟過峽**：在文端塡入關鍵的字句，以做爲下文分敍的前提，叫做總啓過峽。總啓過峽係以關鍵的字句爲綱，以分敍的章節爲目，頗能嚴謹詩文的結構。如冬一詩：

首章「在時空的故事裡停滯」句，總啟下文拿破崙進攻俄國、與聖誕老人帶來夢想兩章的文字。

**二、直承過峽**：上下兩章文字，以直接相承的方式鋪敍，叫做直承過峽。直承過峽似乎不受章與章間的隔閡，而從本章直接敍及下面的章節。如冬一詩：

首章章末以「在時空的故事裡停滯，凍出一片蒼茫」句，直接過峽到次章「白雪皚皚，呑沒最後一息溫熱」；兩章雖有章際，但在文意上卻以「白雪」彼此含銜，一氣相連。

**三、承啟過峽**：以明顯的語詞承上啓下，叫做承啓過峽。承啓過峽的語詞，作用只在銜接上下兩章的詩句，至於是否具有意義，則不重要。如冬一詩：

二章寫完拿破崙冬征俄國失敗的事跡之後，無法過峽到聖誕老人溫馨的故事，因此著一「且」字，承啟上下的詩意。

**四、層遞過峽**：從此情境進入另一個新的情境，情境彼此轉換，文意愈轉愈見深刻，叫做層遞過峽。層遞過峽可以是文意上的轉折，也可以是場景上的變化。如冬一詩：

首章「褪下滿樹的楓紅，披上一襲刺眼的白紗」句，以楓紅的秋才過，遍地白雪的冬已經來到，遞進文意。

**五、呼應過峽**：以章末的文字回到詩文的主題，或與前面的章旨互通聲息，叫做呼應過峽。呼應過峽可以避免愈寫離題愈遠，而將詩文首尾緊密的圓合起來。如冬一詩：

章末「有時冷峻，有時濃郁」句，「有時冷峻」回應上文拿破崙冬征俄國失敗的事跡；「有時濃郁」則回應上文聖誕老人溫馨的故事。

新詩的格律可以不拘，過峽的形式也可以自由的變化；但所寫就的文字，如想成詩或成文，則其過峽不管是隱？是顯？均得負有承啟上下文字的功能，否則就是七寶樓臺，拆碎只能剩下零星的片段罷了。

（國文天地146期、民國86年7月）

# 第十六章　新詩轉換的寫法

好的詩人，思緒是多端的，構想是多頭的，創作的方式則是多樣的。因此不同的主題會有不同的寫法，相同的主題會有相異的鋪敍，甚至在單篇的新詩裡，也時常運用轉換的手法，使短短的作品，具有尺輻千里之勢；使淺近的文字，具有曲折跌宕的美感。

所謂轉換，係在結構、情境、修辭或人物上，以前後不同的技巧敷陳詩的主題，以上下迥異的意象豐富詩的內容，因此常被視爲寫詩重要的方法。今筆者提出六種新詩轉換的方法如下：

一、**結構的轉換**：隨著詩意的變化轉折，而採用不同的形式來表達；或因表達的形式有所變化，而營造了另類的氣氛，叫做結構的轉換。轉換結構的方法很多，對比的章法、錯綜的修辭都有這種效果。如吳麗卿天人菊㈠：

這意涵深長的名
適合入詩
也合宜入夢
入詩

一句句相銜在
踽踽獨行的綠色岸邊
入夢
一盞盞點燃在
日漸冷寂的中途道上

先以詩、夢標示全詩的綱領，再以「入夢，一盞盞點燃在，日漸冷寂的中途道上」直承上文，解說「也合宜入夢」的情形；以「入詩，一句句相銜在，踽踽獨行的綠色岸邊」直承上文，解說「適合入詩」的情形。在先綱領、後解說，前排比、後錯綜的轉換之下，全詩的結構已經有了明顯的變化。

**二、修辭的轉換**：詩不必一語道破，因此可以省略；不必因循舊辭，因此可以活潑。在詩的寫作上，只要意思完整，詩的銜接與辭采的運用，比起散文能有更大的自由。如吳麗卿天人菊(二)：

想來必是異鄉的詩人
登陸風的國度
冷不防撞見這
八風吹不動的

一野美麗
驚爲
天人

「一野」，就視覺而言，敍其廣闊；「美麗」，就修辭而言，屬於借代，敍天人菊。「一野美麗」，係指「一野美麗的花」，就章法而言，屬於省略。詩因多樣的意涵、能做多樣的解釋而稱爲詩。

**三、情境的轉換**：完足的情境，是詩所以爲詩主要的條件。在完足的前提之下，可以延伸，可以凝聚；可以對比，可以互補；情境愈轉折，愈有深度；詩意愈豐富，愈有廣度。如吳麗卿天人菊㈢：

海風狂野
將這小小離島的作物
驅逐至砧硓石牆下
卻搖曳出
天人菊
最哲學的意境
在月夜與炙陽

柔弱與强勁
貧瘠與豐盈
寂寞與喧鬧
天與人之間

先以殊境「驅逐至砧硠石牆下」窄化詩的意境，再以柳暗花明的手法「卻搖曳出，天人菊」，從已被窄化的情境之中掙脫出來；最後才以「在月夜與炙陽，柔弱與強勁，貧瘠與豐盈，寂寞與喧鬧，天與人之間」五句對比，涵蓋所有的空間。因爲連排五句，所以意境籠罩了整個天地。本詩在刻意窄化與縱情馳騁的筆觸之下，情境的轉換頗爲出色。

**四、詩意的轉換**：詩的內容必須豐贍，豐贍的內容可以一線相連、平鋪直敘而下；可以抑揚頓挫、意意逆轉而來；更可以在規則的共相之下，間入不規則的殊相，而使詩文兼具多樣的美感。如吳麗卿天人菊㈣：

這花是上天
謫至人間的修行者
在貧窮的土地
布施一種無私的美麗
剽悍的風中

修爲一種執著的姿態
潮起潮落
是晨昏膜拜的梵音
至於那初逢乍遇的
呀然讚嘆
不過是一波波偶然
濺起 旋即落下的
白色浪花

以「這花是上天，謫至人間的修行者，在貧窮的土地，布施一種無私的美麗；剽悍的風中，修爲一種執著的姿態」爲前提；下分規則的共相「潮起潮落，是晨昏膜拜的梵音」，以潮起潮落敍自然的執著；與不規則的殊相「至於那初逢乍遇的，呀然讚嘆，不過是一波波偶然，濺起、旋即落下的，白色浪花」，以不管別人是否讚嘆，它兀自存在轉換詩意，而使詩意得以極度的蕩漾開來。

**五、人物的轉換**：詩中的人物，可以是我，也可以是他；可以是我的化身，也可以兩者相融，使人莫辨彼我。在人物的轉換上，詩可以自述，可以代言，但其情境卻須一致，否則詩意就有前後矛盾的情形。如吳麗卿天人菊(五)：

風　鹹的
土壤　鹹的
耐辛苦的天人菊
不問雨季的信息
只懸念遊子歸期

歸期
遊子
薄薄一層
都市的糖衣嚐盡
難以入喉的
苦澀汩汩湧現
如夢中沒頂的故鄉的潮汐

風　淡的
街道　無味的

離鄉的日子
耐鹽分的天人菊
活在遊子的淚水裡

首章將天人菊擬人化爲閨婦；次章敍閨婦想念遊子的心情，並設身處境、以遊子的口吻敍其對於故鄉深切的懷念；三章已從閨婦回到天人菊的身上。詩中人物連做三次轉換，唯一不換的是「遊子」；在換與不換之間，意象頗爲深刻。

**六、語詞的轉換**：以典雅代淺俗，以趣味代嚴肅，或以罕詞代常語，是語詞轉換主要的目的。轉換語詞，不但可以避免重複，而且還能寫出特殊的風格。如吳麗卿天人菊㈤的第二章：

歸期
遊子
薄薄一層
都市的糖衣嚐盡
難以入喉的
苦澀汩汩湧現
如夢中沒頂的故鄉的潮汐

以「糖衣」代繁華，以「難以入喉」代不能適應，以「苦澀汩汩湧現」代心理的轉折，以「如夢中沒頂的故鄉的潮汐」代想念故鄉的多，有如潮汐，多得足以沒頂做爲比喻。詩不明寫，卻以其他的語詞代替，此中別有一番滋味。

詩的轉換可以多樣並陳，也可以單式連做多次的轉折；只要用心的體會，實在的練習，就能熟悉轉換的技巧，而寫出篇篇不錯的詩文來。

（孔孟月刊435期、民國87年11月）

# 第十七章　新詩透明的寫法

以質樸的文字，寫出多樣的色彩，色彩雖然多樣，但卻色色分明，是詩透明的寫法；以單純的線條，描繪複雜的形貌，形貌雖然複雜，但卻筆筆清晰，也是詩透明的寫法。所謂透明，是指詩的思緒、詩的形象、詩的意涵、詩的文理、詩的語言都能一清二楚呈現在讀者的眼前；不管是往古或現代、本土或外國的主題，詩人都能穿越時空，用筆寫出躍然紙上、可觸可感的作品。今筆者提出一套新詩透明的寫法如下：

**一、透明的思緒**：思緒，是詩構想的意念，也是詩賴以成篇的主題。思緒鋪寫而成的詩篇，可以隱約，意在文字之外，但詩表達的意思必須清楚，讀者才能從字句之間透視作者的思維。如吳岸無題：

聽海浪一夜喋喋不休

晨起

船卻在原處

海浪整夜騰湧，此起彼落的聲音，不斷傳入耳際，似乎正在商議或進行一些什麼；但待早上醒來一看，一切都沒改變，船仍然停在原來的地方。詩的意象在動靜之間，雖然只是描寫，但在描寫的同時，卻明白表達了自然自如的來去，不因人主觀的想法而有所改變，詩的思緒頗為透明。

**二、透明的意象**：意象，是詩以文字堆成的形貌，也是詩在字裡行間鋪述的對象。意象有時是具體的，具體的意象須從平面的文字上站起來；有時是抽象的，抽象的意象須在想像之中凝聚成體，才能使讀者穿過堆疊的文字，看到詩裡表現的主體，看到作者腦中的影像。

如方旗瀑布：

溫雅的呼吸
簪花的河
憩睡在暖暖的床上
美麗有如
神祕有如
純粹有如

河慢慢的流著，有如大地不疾不徐的呼吸；河的兩岸長滿花草，有如插著朵朵繽紛的鮮花；河的美麗、神祕、純粹，有如睡夢在溫暖的床上。以抽象的呼吸描寫河的流動，以具體的擬人描寫河的輪廓，意象除了具體之外，就是鮮明。

**三、透明的意涵**：意涵，是詩實際的內容，也是詩整體文字呈現的意境。詩的意思除了明確之外，還得具有鮮明的特質，使人一讀之後，馬上可以看到作者清晰的影子，馬上可以聽到作者脈膊的響聲，意涵才能算是透明。如傅天虹問：

真想問一問

風

這樣不知疲倦的清理

莫非搖掉最後一片葉子

世界就乾淨了

以不知疲倦，描寫秋風橫掃落葉的情形，詩意濃郁，詩在具象之中自然鮮明。以搖掉最後一片樹葉，反詰世界是否就能從此乾淨；詩意含蓄，但其意涵卻已昭然若揭。

**四、透明的文理**：文理，是詩結構的組織，也是詩賴以貫串全篇的脈絡。文理可以緊密含銜，上下毫無阻滯晦澀之處；也可以跳躍突接，嘗試各種新的藝術手法；但就全篇而言，卻須有其軌跡可循，才能達到透明的原則。如孫維民聽蟬：

他抓住一根細細長長的繩索

不停地攀登

向上，不停地

希望看見高處的風景
希望知曉峰頂的祕密
因爲苦痛

直到一片鋒利的落葉
冷冷地，將細細長長的繩索
割斷

以具體的繩索形容聲音，以不斷的攀援形容愈來愈高的聲音，以高處的風景、峰頂的祕密形容蟬聲不斷升高的意趣，以落葉一片切割繩索，形容蟬聲突然驚斷的情形。詩以攀登（蟬聲初啼）起筆，以希望（蟬聲意趣）敍其動機，以落葉割斷（蟬聲中斷）收束全詩，詩的文理不但通透，而且明白。

**五、透明的語言**：語言，是詩的措詞造句，也是詩中表意的文字。洗鍊的語言，才能除去渣滓而全面呈顯詩的意思；簡潔的字句，才能避免繁瑣而靈巧生動詩的意涵；使舊的文字在恰如其分的安排裡，得以展現另一番全新的氣象。如顏艾琳早晨：

大地的惺忪
是被樹葉中

篩下來的鳥
聲所滴醒的

聲音從樹葉裡「篩」了下來，大地被鳥聲「滴」醒了過來；以「篩」、「滴」兩個靈巧的字眼，活化了全篇詩的意境。從萬化諸多的現象裡，拈取鳥聲來甦醒大地，意象不但鮮明，而且具體。本詩雖以四句二十字簡短、整齊的形式排列，但其語言卻已寫出字字透明、句句嶄新的氣象。

以適量的語詞寫成字句，並將字句安放在詩中適當的位置，是詩基本的要求，也是詩是否透明的主因。透明的詩有如動聽的長笛，聲聲清晰入耳；有如美好的畫作，景景可以端詳。如果我們想寫出幾首好詩，透明也是創作時必須注意的關鍵。

（孔孟月刊452期、民國89年4月）

# 第十八章　新詩平衡的寫法

詩中的情景，是親眼的目睹，也是裁剪之後的佳境；詩中的情感，是當下的感受，也是人類普遍的感情；詩中的情節，是真實的經歷，也是可觸可感的過程；詩中的意思，是自我的思想，也是人我一同的看法；使詩在主觀的構想裡，能將採自周遭事物的素材，以客觀的筆觸寫出超越時空的作品。

內在與外在、真實與抽象、理性與感性、傳統與現代、生活與藝術等等，看似對立，其實可以相融；把看似對立的意念，同時融在作品之中，正是新詩平衡的寫法。今筆者提出一套新詩平衡的寫法如下：

一、**簡潔字句而意涵豐富**：極度拉大文字的張力，以最簡潔的文字，表現最豐富的意思；甚至以最單調的形式，抒發最深邃的情感，可使表面平易短小的詩篇，擁有深入動人的內容。如林亨泰風景：

農作物　的
旁邊　還有
農作物　的

旁邊　還有
農作物　的
旁邊　還有

陽光陽光晒長了耳朵
陽光陽光晒長了脖子

以三句相同的「農作物的旁邊」與兩句稍做改變的「陽光陽光晒長了耳朵、脖子」成詩，文字不但簡潔，而且單調；但在簡潔單調的字句裡，卻描寫了「農作物的旁邊，還有農作物」，農作物無邊無際開展在我們眼前的壯景。「陽光陽光晒長了耳朵」、「晒長了脖子」，晒在農人的身上，晒在農人引頸期待的心裡，描寫農人不畏豔陽、不辭辛勞，只盼能夠有個豐碩的收成。詩在平易反覆之中，自有深長的意味。

**二、表達思想而具有美感**：將主觀的看法寫入詩篇，卻不影響全詩優美的情境；或在描景、抒情之後，提出作者一己的意見，卻能營造更爲濃烈的詩意，可使詩在情志與美感之中，取得最大的平衡。如白靈鐘乳石：

詩篇寫成了讀起來多麼容易
而我的，仍垂懸著，無窮的待續句

在內裡，向深洞的虛黑中
探詢呀探詢
數萬滴汗珠詠成一個字
而滑脫的字句呢，掉下去，只有
通通的回聲，都叫黯黯的地下河帶走了
好久好久，才有堅實的響應
像是指尖　滴在　指尖上
那是水珠與水珠的拍手
句與句的呼應，卻是
幾千萬年的距離啊
可以感覺相遇時會是怎樣的震撼
當向下的鐘乳與緩緩、向上的石筍
當可知的與冥冥中那不可預知的
在時光的黑洞中，輕輕的
一觸！

以第一人稱「我」的口吻寫鐘乳石，以鐘乳石一百萬年才能結晶一寸，極寫靈感的得來不易；以鐘乳與石筍上下銜接，敍其詩句琢磨的情形。「我」寫鐘乳石，也寫自己；「一觸」寫鐘乳與石筍的結合，也寫靈感的火花乍現。詩寫鐘乳石形成的經過時，正緊扣創作的主題鋪陳；詩在一路開展的美感裡，自有作者鮮明而又肯定的思想。

**三、描寫生活而自成藝術**：生活周遭的事物，雖然是創作基本的動力，但如果不能採入部分的技巧，將使作品與真實人生的距離過於接近，讀者容易受到主觀情緒的左右，而無法產生真正的美感。因此取自真實生活的素材，必須加入藝術的手法，推遠心理的距離，才能寫出「出以象外，得其環中」的作品。如張萬南迴線上：

夢想一條頸鍊
串著大武山、臺灣海峽和太平洋
我將從參差疊嶂中穿越隧道，就像
閉著眼睛撥過母親胸前一顆顆珍珠
想像張著瓊麻面紗的海
想像潮聲不斷湧向內陸
和火車的混聲合唱

以夢想的項鍊，形容穿越重山峻嶺的環島鐵路；以瓊麻細紗，形容東太平洋綿綿的大海；以撥過母親胸前的珍珠，形容沿途經過一個個不同的隧道。整章的詩描寫乘坐環島鐵路、從西到東耳聆目睹的情景，但作者卻騁其想像，大量採用譬喻的修辭，把本來單調無趣的路程，寫得有形有聲，寫得如入畫境，的確是篇兼具真實與藝術的好作品。

**四、進入記憶而走出現代**：以過去的經驗、古老的記憶爲其題材，或以從前的語法、舊有的組織爲其基調，而用現代新詩的技巧，寫出具有新形式、新結構或重新加以詮釋的詩文，可使作品在過去與現代之間，得到最大的和諧。如楊澤漁父：

撈沙石的機器轟轟作響，沒有
可供尋問的漁父。一雙疲憊的鞋從武昌街步下漢口街復在
長沙、衡陽一帶徘徊、猶疑
天空是古代的雲夢大澤
在夢與現實間選擇了——
兩千年後繼續流放的命運

屈原漂流在江湖之間，作者則在武昌街、長沙街一帶徘徊。雲夢大澤早被繁華的都市取代，漂泊只是作者望向天空無盡的猶疑；至於兩千年來流放的命運，則是作者上與屈原唯一共通的心靈境遇。詩的題材雖然很舊，詩的手法卻頗爲新穎；尤其在新、舊相融之處，更是渾然天成。

**五、鋪陳事物而保有自我**：在記敘事物的同時，以明示或暗寓、象徵或轉化的方式，加入作者的影子，使詩在事物的描寫中，不但能抒發作者深刻的感受，而且還保有一己鮮明的影像或風格。如白荻雁：

在黑色的大地與
奧藍而沒有底部的天空之間
前途祇是一條地平線
逗引著我們
我們將緩緩地在追逐中死去，死去如
夕陽不知不覺的冷去。仍然要飛行
繼續懸空在無際涯的中間孤獨如風中的一葉

而冷冷的雲翳
冷冷地注視著我們

雁飛在大地之上，飛在雲層之間，不管夕陽是否西下、夜晚是否已經來臨，雁必須不停的飛著。飛，是雁的宿命；生而爲人，必須按照一定的軌道運行，是人的無奈；雁不因宿命而屈服，人也不能因無奈而自棄。詩在鋪陳雁的同時，已將自己的影子融了進去。

**六、非常自我而引起共鳴**：凡是作品，一定含有作者的影子；作者的影子雖然可以鮮明，但卻不能滿紙都是；應該留點可供讀者思考的空間，或在作者非常自我的主觀裡，加入一些客觀的同情，才能築起人、我溝通的橋樑，才能引起讀者廣泛的回響。如吳晟我不和你談論：

我不和你談論詩藝
不和你談論那些糾纏不清的隱喻
請離開書房
我帶你去廣袤的田野走走
去看看遍處的幼苗
如何沉默地奮力生長
我不和你談論人生
不和你談論那些深奧玄妙的思潮
請離開書房
我帶你去廣袤的田野走走
去撫觸清涼的河水
如何沉默地灌溉田地

我不和你談論社會
不和你談論那些痛徹心肺的爭奪
請離開書房
我帶你去廣袤的田野走走
去探望一群一群的農人
如何沉默地揮汗耕作

你久居鬧熱滾滾的都城
詩藝呀！人生呀！社會呀
已爭辯了很多
這是急於播種的春日
而你難得來鄉間
我帶你去廣袤的田野走走
去領略領略春風
如何溫柔地吹拂著大地

在以「我」爲主的談論裡，只告訴「你」不要每天談論，最好到農地裡、到田野間走走，因爲談論的話題總是糾纏不清，總是玄妙痛心，不如前去郊野，領略春風溫柔吹拂大地的情景。表面上只是「我」與「你」主觀的談論，實際上卻是你我普遍的渴望。

詩，是作者意念的鋪展，是讀者逆溯創作心靈的媒介，因此相關的題材必須裁剪，相對的意念必須融和，才能在作者主觀的意識與作品客觀的詩境裡，獲得最大的平衡。

（孔孟月刊454期，民國89年6月）

# 第十九章　新詩多解的寫法

新詩以簡潔的文字，表抒最深的情感，因此詩意可以任人取捨；新詩以最少的文字，寓含最多的內容，因此詩意可以無限的延伸。新詩的形式是自由的，可以滿足作者創作的構想；新詩的句意是浪漫的，可以提供思想馳騁的空間。因此新詩在創作的動機與閱讀的認知上，也許會有距離，但因爲有這一段距離，使詩意超出作者的意念，超出作者所能把握的情境之外，而蕩漾在曠闊的時空裡。

讀詩、解詩，本是讀者的事情；詩意是否可以多解，也與讀者體會的深淺有關。乍看之下，似乎與作者無涉；但仔細想想，關鍵仍在作者的身上。因爲新詩的字句必須簡潔，張力必須強化，才能涵蓋更大的層面，才能使詩意具有更多的意思，這是新詩寫作基本的素養，也是新詩創作努力的方向。如果隨便寫上一、兩個字，就自以爲是詩，就想叫讀者以無窮的想像，彌補作者才能的不足，這與線上只畫一隻麻雀，然後告訴讀者，畫裡盡是麻雀一樣的荒謬，一樣的可笑。因爲情境不夠完整，所以詩不是詩，畫不是畫；既然不是詩，不是畫，讀者也就不必聽人戲弄、任人擺布了。

詩要多解，不能只靠讀者的想像，作者必須賦予新詩多樣的特質，才能使詩的意蘊豐贍而又深廣。多解的詩，可以結合諸多的意念爲其主題，可以凝鍊文字而拉大張力，可以截斷詩的語言而營造氣氛，可以錯落行文的次序而製造效果，方法很多。今筆者結合兩種意念爲一主題，使詩同時具有多層的意思，而提出如下的七種方法：

**一、聲與形的結合**：聲音可以直接狀擬，也可以用文字來描寫。形貌可以細膩的刻畫，也可以只用形式來表達。聲與形本來並不相干，但如將本不相干的聲與形兩相結合，而以形來表聲，以形貌來發出聲音，讀者不但可以聽到聲音，而且還能看到聲音。如穆木天蒼白的鐘聲：

蒼白的　鐘聲　衰腐的　朦朧
疎散　玲瓏　荒涼的　濛濛的　谷中
——衰草　千重　萬重——
聽　永遠的　荒唐的　古鐘
聽　千聲　萬聲

在字句之間故意缺空，鐘聲遍響的樣子如在眼前；字句之間缺空處處，鐘聲正從紙上斷斷續續、且不斷的傳了過來；字句之間留有大片的缺空，鐘聲已經迴蕩在整個空間裡了。

**二、形與意的結合**：形可以是輪廓，也可以只是詩的形式；意可以具體的鋪敘，也可以兼用形式來表現，而使詩文只看結構，就能得知作者想要表達的是些什麼。以形表意，形式須與詩意緊密的結合，形式須以具體的手法排列，意才能因形的解說而更爲鮮明。如白荻流浪者：

望著遠方的雲的一株絲杉
望著雲的一株絲杉
一株絲杉
絲杉
在　地　平　線　上

遠方雲下的一株絲杉，在遠方，在雲下，只有一株，本來就是孤獨；雲下的一株絲杉，減去特定的距離—遠方，只見雲海蒼茫，一株絲杉更爲孤獨；一株絲杉，減去距離—遠方，減去位置—雲下，一株絲杉，無依無靠，當然孤獨；絲杉，連「一株」也減去之後，絲杉獨自站在天地之間，孤寂之情，可想而知。從「望著遠方的雲的一株絲杉」寫到「絲杉」，情境逐次遞減，文字逐次省去，孤獨之意卻已倍增，這是以形表意的結果。

「在地平面上」五字，緊貼底格敍寫，一表絲杉不在遠方，不在雲下，不是一株，不是絲杉，而是作者自己；一表大地的位置—地平面上。陳慧樺說：「前段以流浪者望著一棵絲杉來刻繪他的孤苦無依，後段換成以詩人的觀點來描繪浪人的孤獨。」正是此意。

**三、意與人的結合**：意可以直接表抒作者的情志，也可以把意寄在文字之外。直接表抒，意思雖然清楚，卻須多做轉折，才能使意雖淺而有味。寄在言外，意思雖然含蓄，卻須避免晦澀難解，才能使意隱而雋永。不管以文字來表達，或以形式來鋪排，意是人的情志；人有其意，才能寫出相關的作品，且從詩文的字句之間，逆溯作者行文的動機；因爲意與人的背景、人的經歷、人的素養、人的性向有關。如吳晟泥土：

日日，從日出到日落
和泥土親密爲伴的母親，這樣講——
水溝仔是我的洗澡間
香蕉園是我的便所
竹蔭下，是我午睡的眠床
沒有週末，沒有假日的母親

用一生的汗水，辛辛勤勤
灌溉泥土中的夢
在我家這片田地上
一季一季，種植了又種植

吳晟出生農家，幼年在鄉下長大，眼睛所見的，無一不是鄉土的情景；耳朵所聽的，無一不是鄉土的聲音；鼻子所嗅的，無一不是鄉土的氣味。早期的臺灣鄉下，農村困苦的生活，鄉下簡陋的設備，甚至農人樂天知命的心理，無一不是吳晟筆下的題材。因此吳晟的人表現在吳晟的詩上，全是吳晟親切而又眞實的影子。如泥土一詩，以母親與泥土寫出對鄉土的愛，對生活的滿足，就是一個很好的例子。

顏炳華吳晟印象說：「吳晟的詩誠然不是流行性的，也不光采奪目，但在他如泥土般眞摯厚重的作品中，我們卻可從平實中見眞情，從平淡中見深刻。」吳晟的泥土一詩，就是最好的證明。

**四、人與詩的結合**：人的意念或感受，表現在文字上，且其文字具有一定的形式，才能叫做文，才能叫做詩。詩與文的形式可以自由，卻不能隨便；可以遊戲，卻須合於原理，否則就不能算是文學作品。詩文的語言或形式，可以出其不意，但卻須以文學的筆法敍寫，須具文學的特質，使人與詩結合之後，讀者能夠以詩解人，而且以人來驗詩。如向陽阿爹的飯包：

每一日早起時，天猶未光
阿爹就帶著飯包
騎著舊鐵馬，離開厝
出去溪埔替人搬沙石

每一暝阮攏在想
阿爹的飯包到底啥麼款
早頓阮和兄哥呷包仔配豆乳
阿爹的飯包起碼也有一粒蛋
若無安怎替人搬沙石

有一日早起時，天猶黑黑
阮偷偷走入去竈腳內，掀開
阿爹的飯包，沒半粒蛋
三條菜脯，蕃薯籤摻飯

本詩就形式而言，是詩；就語言來說，也是詩。作者雖以臺語寫成詩篇，但其臺語音調準確，用字嚴謹，不須轉換即能清楚的吟誦出來。又，本詩以偷窺父親的飯包，敍其幼年窮困的生活、父愛的偉大與社會的現況，作者的影子在詩句之間頗爲明晰。向陽歲月前序說：「詩人是，而且只是一個由詩來傳達人的感情的人。」從阿爹的飯包一詩看來，的確如此。

**五、詩與境的結合**：詩可以自由，但不管在內容或形式上，都有一定的樣子。詩可以含蓄，但不管在意思或情境上，都不能晦澀，以免作品完成之後，只有作者自己才看得懂。以不羈的思緒寫在紙上的詩篇，如能配合詩意營造應有的情境，詩意將更爲深刻，詩境將更爲寬廣。如李魁賢晨曦：

瀰漫人間
黑幕重重的符咒
太陽
總跟在後面
用陽光的血滴
一一破解

以轉化的手法，敍寫日出，並以動態的筆觸，描繪陽光一點一點穿透厚厚的雲層、一線一線射向黑暗大地的情景。全詩意在「晨曦」二字，但詩境卻在靜中有動、明暗相間的情境裡，構成一幅日出的美景。

**六、境與想的結合**：境有以意爲主的意境，有以情景爲主的情境；境有時只是詩意的流露，有時卻是作者刻畫的重心。想，是思想，是心志，是作者將醞釀已久、或一時迸發的意念，落實在具體的文字之上，而展現出來的感受與想法。意境是美感的，思想是理性的；在美感的意境中融入理性的思想，才能使作品同時兼具知性與感性，才能使新詩擺脫無病呻吟的病弱，而走在陽光健康的大道之上。如羊子喬一個原住民的心事：

島上的風的雨都已經停了
你開始站在遼闊的平原上
用最原始的聲帶結集出版你的全集
歌頌土地，吟唱廣大人群的喜怒哀樂
可是沒人注意你的存在

在冬去春來的日子裡
鈴鐺花開在籬笆，斑鳩動情在苦苓樹上
這一切都順乎自然，只有你的眼神
把憤怒和不滿盯在

日漸消瘦的部落

詩以「你」的口吻，寫平埔人擔心部落日漸衰頹，日漸漢化的悲哀。本詩以四季的運轉、花鳥的生息敍一切都自然的存在，惟獨平埔人慘遭淘汰，襯托平埔人孤單、沒落與深沉的焦慮。境在孤寂之中自有美感，自有感傷；思想則在美感中表現無奈的悲情，在感傷裡提出了強烈的控訴。

**七、想與趣的結合**：思想是作者背景的反應、情緒的激盪或長期堅持的信念，趣味則是靈動的氣氛、言外的意思或作者表現在文字上的生命。以趣味的手法抒陳心中的感受，以活潑的筆觸吐露一己的想法，而將思想寓於趣味之中，新詩讀來不但可以會心一笑，而且更能發人深省。如焦桐臺灣雅輩：

每天穿戴著微笑出門——
蘇格蘭襯衫搭配愛爾蘭西裝，
義大利領帶支撐優雅的高姿態，Oh
Yeah，法蘭西名牌手提箱
提著這時代最流行的地位與財富——
咖啡屋總是飄來香香甜甜的情調和滿足，
冷氣房裡冷眼看滾燙的時局；

東區downtown小套房租了一個情婦，
她歡喜委託行的格調，偏愛
馬丁尼和鮮花稀釋過的那種幸福，
今夜我們共赴一場巴黎香水的晚宴，
親愛的：你也嘗嘗成功的滋味，嗯，
中午吃西餐、臺菜還是日本料理？
Waiter：開一瓶年分比我們更老的白蘭地！

本詩旨在描寫年輕人追求時髦、享受文明的情形；詩裡不但間用英文，而且還將時髦的享受，鉅細靡遺的羅列在讀者的眼前。用語活潑，筆觸詼諧，輕鬆裡有幽默，幽默中有深意，的確是一篇頗有趣味的詩。但從詩意仔細的咀嚼，則知詩中寓有深刻的諷刺之意。

結合聲與形，可以從形式看出聲來；結合形與意，可以從形構說出作者的意思；結合意與人，可以從字句表現作者的爲人；結合人與詩，可以從生活敷陳獨特的風格；結合詩與境，可以從作品營造應有的氣氛；結合境與想，可以從情境敍寫創作的動機；結合想與趣，可以將思想寓於趣味之中。如在新詩寫作的當下，直接賦予多重的意念或多種的效果，作品完成之後，詩意自然可以多解，何必勞請讀者一而再、再而三的想像呢？

（孔孟月刊438期、民國88年2月）

# 第二十章　新詩矛盾的寫法

獨出己意，才能博得熱烈的掌聲；但在己意之中如能出乎意表，更是叫人讚賞。表面上詩文的筆法，似乎自相矛盾，但待仔細體會，原來矛盾處正是佳妙處，正是詩文的特殊之處，必能營造拍案叫絕的效果。所謂矛盾，只是筆法或構思上技巧的運用，只是粗覽之下似乎彼此抵觸，其實在整體的詩文中，不但不是矛盾，而且是作者高明手法的表現。今筆者提出一套矛盾的寫法如下：

一、**意念矛盾**：詩文在同一主題之下，同時呈現兩種以上的意念，且此意念彼此乖違而又相融者，叫做意念矛盾。如林泠不繫之舟：

沒有甚麼使我停留
——除了目的
縱然岸旁有玫瑰，有綠蔭，有寧靜的港灣
我是不繫之舟

也許有一天

太空的遨遊使我疲倦
在一個五月燃著火焰的黃昏
我醒了
　海也醒了

人間與我又重新有了關聯
我將悄悄自無涯返回有涯，然後
再悄悄離去

唉，也許有一天——
意志是我，不繫之舟是我
縱然沒有智慧
沒有繩索和帆桅

以堅定的意志敍其航向理想，卻以不羈的情懷敍其航行的態度，兩者似乎矛盾。但因「除了目的」之外，「縱然岸旁有玫瑰，有綠蔭，有寧靜的港灣」，也不做任何的停留；作者在堅定的意志中，不羈的擺脫了足以妨礙前進的阻力，所以兩者又是相融的。

**二、起結矛盾**：詩文的開啓與收結，通常各有各的筆法，各有不同的內容。如以相同的筆法或相近的內容，做爲詩文的起結，字句雖然一致，但卻不是常態，叫做起結矛盾。如不繫之舟：

詩端以「我是不繫之舟」點題，詩末以「不繫之舟是我」強化主意；詩端以「除了目的」之外不想停留，詩末以「意志是我」奮勇向前；詩的前後整齊一致，但卻與一般的作法有別。

**三、角色矛盾**：以相同的人物，做不同場景的主人，並道出襯合身分的話語；或在同一場景之中，同一人物具有多重的身分，但多重的身分卻能相融相和者，叫做角色矛盾。如不繫之舟：

「我是不繫之舟」句，作者以第一人稱「我」字敷陳；但作者同時又以「不繫之舟」比況「我」，使「我」在「人」與「舟」中擺盪，並盪出濃濃的詩味來。

**四、意象矛盾**：將人的行爲或物的動作，刻意的營造，使人物暫時離開原來的常軌，而呈現新而不俗的輪廓者，叫做意象矛盾。如不繫之舟：

也許有一天
太空的遨遊使我疲倦
在一個五月燃著火焰的黃昏

我醒了
　海也醒了

「不繫之舟」既然是舟，就應航行於海上；但詩中的舟卻遨遊於太空之中，似與常態相去甚遠。仔細想想，原來因爲「不羈」，所以舟才能離開海上，而遨遊於太空之中。

**五、情境矛盾**：文中的情境，可以做爲主景，也可以當做背景；不管做爲主景或背景，其景必然固定不移。如以不定的筆法蕩漾情境，詩文則有矛盾而又和諧的效果，叫做情境矛盾。如不繫之舟：

「太空的遨遊使我疲倦，在一個五月燃著火焰的黃昏」一節，作者是因「火焰的黃昏」而感到疲倦，或因疲倦而難耐「火焰的黃昏」呢？詩意頗爲蕩漾。

**六、主題矛盾**：詩文的主題本來只有一個，但因作者刻意的懸想，或以逆向的思考表抒正面的主意者，叫做主題矛盾。意念的矛盾，是作者內在多樣的情志；主題的矛盾，則是作者表抒在外的筆法，兩者截然不同。如鄭愁予錯誤：

我達達的馬蹄是美麗的錯誤
我不是歸人，是個過客

既以「錯誤」爲其題文，卻在「錯誤」之上加了「美麗」二字：「我達達的馬蹄是美麗的錯誤」；表面上是矛盾，但因「我不是歸人，是個過客」，是錯誤；且在錯誤中引起思婦盼歸的狂喜，所以又是「美麗」的；錯誤與美麗，既矛盾，又和諧。

平鋪直敍的詩文，雖有趣味，其實不多；以矛盾之法鋪陳，雖然饒富趣味，但卻容易離題。惟有扣緊全詩的主題，變化行文的筆致，獨造出人意表的新意，才能贏得讀者最多的掌聲。

（孔孟月刊414期，民國86年2月）

# 第二十一章　新詩建築的方法

以既有的原理向外構想，傳統的建築可以依循一定的格局，蓋出典雅大方而又具有新意的房子；以吻合原理大膽的想像，新潮的建築可以依照自己的意思，蓋出世俗預料之外而又中規中矩的大廈。一塊一塊疊起的磚、一面一面築起的牆是建築，一字一字堆成的詞、一句一句砌成的章則是詩；詩與建築雖然不同，但打造的方法，卻有很多相似的地方。

以文字構築成詩，可以採用一般習用的橫向排列與縱向排列，可以採用經過設計的頂格排列與底格排列，也可以採用自由變化的錯落排列與象形排列，今筆者分敘一套新詩建築的方法如下：

**一、縱向排列**：以詩的意念、散文的形式寫詩，詩的語句有如散文依序相連，並未一句一句橫向的排開，叫做縱向排列。如蘇紹連染髮：

樹木是土地的頭髮，已變銀灰了；葉子是樹木的頭髮，已變枯黃了；露珠是葉子的頭髮，已變污濁了；陽光是露珠的頭髮，已變漆黑了。人們在這些髮中穿行，彷彿走不出的暗夜，或褪色的畫面，看不見紅日藍天青山綠水。

以散文的方式排列，字句縱向聯連而下；以譬喻的手法，敍寫青山綠水不再；以沉痛的心情，指責環境已經受到嚴重的污染。形式雖然好像散文，但因以詩的意念思考，並善用譬喻與象徵的技巧，所以作品也能呈現濃濃的詩味。

**二、橫向排列㈠——上橫排列**：將詩的文字每行由上而下，一句一句排開，句與句間有完整，有相銜，也有句句均未完整、一路黏連下去的分行割裂，都屬於橫向排列的方法。如洛夫焚詩記：

把一大疊詩稿拿去燒掉
然後在火爐中
畫一株白楊

推窗
山那邊傳來一陣伐木的聲音

以橫向排列的形式成詩，有完足的語句，如「山那邊傳來一陣伐木的聲音」；也有相銜的兩行，如把詩稿燒掉之後，作者在詩稿的灰燼中，隱約看到原來造紙的白楊，依稀聽到山邊傳來伐木的聲音，詩在具象與想像之中，頗有作品不成、徒然浪費大地資源的感嘆。

**三、橫向排列㈡——下橫排列**：將詩的文字，每行拉到底格，形成詩句的上端參差、下端整齊，恰與一般橫向排列的方式相反，叫做下橫排列。如方旗洛神：

洛神，你是什麼
安睡在琴上的歌
歌，你究竟是什麼
含蘊在一滴淚裡的愛
可是愛，你究竟是什麼
介乎兩次死亡之間的永恆
然則永恆，你是什麼

每行詩句上端並不平整，下端則一律都在地平線上，而形成一種截然獨特的風格。以打破沙鍋問到底，到底之後仍然沒有答案的方式，敍寫洛神，敍寫愛，敍寫作者心中的迷惑。全詩好像無解，但如能深入的咀嚼，答案卻又昭然若揭，這是作者處理抽象觀念高明的手法。

**四、懸空排列㈠——上懸排列**：以一線單詞懸在頂格，一詞一行，數詞分做數行，藉以強化詩的主體，鮮明詩的意象，叫做上懸排列。如犁青石頭：

轟隆隆　轟隆隆
要求土地
要求獨立

要求和平
要求繁榮

以
色
列
的
石
頭

「以色列的石頭」，一字一行，字字懸在頂格，突顯石頭之上寫著以色列人的喜、怒、哀、怨、情、愁。以色列悲慘的歷史，不勝枚舉；作者以「石頭」鋪寫以色列人的遭遇，不但具體，而且令人觸目驚心。

**五、懸空排列㈡——下懸排列**：以一線單詞懸在底格，一詞一行，數詞分做數行，藉以穩住全詩的氣氛，並帶來視線上強烈的感覺，叫做下懸排列。如犁青石頭：

一塊微笑著的天真無邪被砍殺的少年　　石頭
一塊攬抱著驚惶惶學生被砍殺的老師　　石頭
一塊看望著初生嬰孩同時被砍殺的母女　　石頭

一塊初綻愛情花蕾被砍殺了的痴情女孩　石頭
一塊發出了婚柬未能洞房花燭被砍殺的情侶　石頭
一塊瞎了眼睛緊摟著孫子被砍殺了的婆孫　石頭
一塊胳腮滿鬍被根根焚燒燒成焦炭的爺爺　石頭

每行均以石頭鎮在底部，極寫以色列遍布石頭，石頭之上有以色列人的血，以色列人的淚，以色列人難以忘懷的仇恨。詩在刻意的安排之下，頗有立體建築的美感。

**六、錯落排列**：在橫向排列分行的詩篇裡，有整齊的上横排列，也有故意低下數格或句中鏤空的詩句，叫做錯落排列。如鄭愁予寂寞的人坐著看花：

山巔之月
矜持坐姿

擁懷天地的人
有簡單的寂寞

而今夜又是
花月滿眼

從太魯閣的風檐
展角看去
雪花合歡在稜線
花蓮立霧于溪口
各圈雲壞如初耕的園圃
坐看峰巒盡是花
則整列的中央山脈
是粗枝大葉的

因爲地勢很高「展角看去」，所以太魯閣之下的「雪花合歡在稜線，花蓮立霧于溪口」兩句，句端各缺一格，表示兩景都在太魯閣之下，表達「展角看去」，可以看到其下的兩處風景。兩行各缺一格，詩句已在平面的紙上站了起來。

**七、象形排列**：以文字排成意念所想描寫的事物、或概念的圖形，使詩句除了表意之外，也能表其形狀，也能鉤勒簡單的輪廓，叫做象形排列。如顏艾琳速度：

時光退後
在一四〇的指數上
我駕馭著速度

如此看見
唯我
前
進
。

描寫時速一百四十公里高速行駛的情形，以愈來愈短的詩句，最後只剩一個句點，敍寫詩意與視覺上的快。因爲「在一四〇的指數上」奔馳，迅疾的速度超過了時間的流逝，所以說「時光退後」；因爲速度實在太快了，所以遠遠望去，只能看到一個句點。詩既寫意，又象其形。

以字構築成詩，以句排列成篇的方法很多，本文僅舉七種以供參考。嘗試才能突破，思考才能創新；新詩的形式，可以隨己之意獨出巧思，但在下筆的同時，可能必須想想：既然是詩，既然成了作品，有天時、空轉易之後，詩是否仍然是詩？作品能否繼續得到讀者的認同？

（孔孟月刊451期，民國89年3月）

# 第二十二課　新詩修辭的方法

從內容、從形式可以構想新詩寫作的方法，從措詞、從造句可以填實新詩的章節，從語言、從音韻可以決定新詩的趣味。新詩寫作的方法很多，今筆者以修辭為主，將本被視為修飾語詞的辭格，擴大為謀篇的骨架，而提出一套新詩創作的方法：

**一、單一修辭成篇**：對於新詩沒有概念、或初入新詩領域的人，可以採用單一的辭法鋪寫主題；對於熟習新詩技巧、卻想營造特殊效果的人，也可以採用特定的辭法來鮮明主題。新詩最常用的辭法是排比、是譬喻、是轉化、是象徵、是誇飾。如向明家：

星的眼永不疲憊，因為她有白晝的溫床
流水的歌最甜，她正趕赴大海母親的召喚
風這流浪漢最悲哀了
爬山越水的亂跑，故居卻丟在相反的方向

以星、流水、風並列成為全詩的三大主題，以先敘前提「星的眼永不疲憊」、「流水的歌最甜」、「風這流浪漢最悲哀了」，後提理由「因為她有白晝的溫床」、「她正趕赴大海母親的召喚」、「爬山越水的亂跑」的筆法成篇，全詩在整齊一致的排比辭法中，頗能寫出生動活潑的作品。

**二、多種辭法成篇**：以某一辭法爲主，加入其他的辭法烘托，可以突顯全詩的主題；取用某一辭法的形式，而以他種辭法填其內容，可以活化全詩的意象；並列兩種以上的辭法，穿梭鋪寫全詩的意念，更能表現作者高明的技巧。不同的辭法可以分置在不同的段落裡，而各自成章；也可以同時擺在各章、各句之中，渾然相融而產生更新的辭法。如李魁賢晨工：

清晨
騎機車上工
沿路
像拉鏈一樣
拉開
一日的序幕

取用排比的辭法爲其形式，以三句二字、三句五字的詩句，交錯而成三組二字與五字的整齊形式，然後採用譬喻「沿路，像拉鏈一樣」與轉化「拉開，一日的序幕」兩種辭法鋪敘成篇，詩在形式的排比與內容的譬擬裡，自有一番活潑的趣味。

**三、辭法想像成篇**：選擇某一辭法開啓詩端，然後依循此一辭法所表達的情境，深入的想像，而寫成一篇完整的新詩，也是新詩創作常被採用的方法。如戴天鏡容池：

就這麼
輕輕的一抹
風的手
使楊柳綠滴晶瑩
使荷花
牽著遊魚
到
没有塵埃
世界去了

以「一抹」比擬風的吹拂，屬於轉化修辭。以風的吹拂開啓詩端之後，極力騁其想像：想像風吹楊柳的情形，想像風吹荷花、荷下游魚游入水裡的情景，詩的意象不但具體，而且清楚。

**四、辭法情節成篇**：從某一辭法入題之後，即以此一辭法表達的意念爲其主題，加入具體或想像的情節，而寫成一篇有頭有尾的詩文。如鍾玲山霧：

我是山霧，赤著白亮的雙足

愛在山坡蹓躂的輕霧
清晨我藏身在溪裡
藏身在溼潤的林地
任殷勤的陽光暖我的身體
過了正午才慵懶地起床
娲娲由谷地往上漫步
我知道自己迷人惑人
尤其是對你們的眼睛
我只要把面紗一揚
就給山林變幻出
千種面貌啊萬種迷濛

以比擬的辭法「我是山霧」開啓詩端，然後敍其個性「愛在山坡蹓躂」；敍其作息：清晨「我藏身在溪裡」，過了正午「才慵懶地起床」；敍其特質「我知道自己迷人惑人」；末了直承上文的特質，以「我只要把面紗一揚，就給山林變幻出，千種面貌啊萬種迷濛」一節，具體寫出動人的情景收束全詩，詩在比擬之中，有頭有尾，情節頗爲完足。

修辭用在新詩的寫作上，可以單純，可以多樣；可以沿用，可以變化；可以只是修飾，也可以採做謀篇的方法。不必拘泥，只要大膽的嘗試，就有一定的心得，因爲修辭在有心的作者筆下，必能寫出更新的辭采來。

（孔孟月刊453期，民國89年5月）

# 第二十三章　新詩新的修辭法

因爲修辭的方法，大半是由文章歸納而來，而且大半用在文章的寫作之上，所以散文可以沿用的修辭，用在新詩也許就有些許的不妥。因爲新詩的文體與散文不同，而且新詩還得再創新的語詞，所以本來並無新舊之分的修辭，如果未能再做突破，詩的文字就無法寫出有別於散文的氣象。因爲新詩可以自由的嘗試，可以在合理的情境之下自在的揮灑，所以在修辭的使用上，不但應該跳脫既有的規範，而且還得寫出更新穎、更有張力的字詞來。

新詩，可以從舊的辭格創造新意；可以結合不同的辭格，表現多樣的內容；也可以將類似的辭格歸類，然後加以巧妙的穿插使用。只要能使詩意更濃，能讓詩句更美，新詩不但不須顧慮散文的用法，還得掙脫沿用的舊習，而寫出有別於散文、有別於世俗的辭采。今筆者提出五種又舊又新的修辭法，盼能給您一些新的觸發：

**一、廣化修辭—以「排比中有變化」爲例**：只取辭格的特質，而不要求嚴格的形式；使詩能以修辭的技巧，而寫出不受限制的語句，叫做廣化修辭。如排比修辭在整齊的形式之下，可使語意鮮明，文采優美，但卻少了一分錯落的美感。如果只取排比整齊的概念，而不要求整齊絕對的形式，不但可使詩句具有排比的特質，而且還能在整齊中寓含變化。如洛夫論女人：

既非雨又非花
既非霧又非畫
既非雪又非煙
既非燈又非月
既非秋又非夏

有時名詞有時動詞
有時房屋有時廣場
有時天晴有時落雨
有時深淵有時淺沼
有時過程有時結局
有時驚嘆有時問號

說是水，她又耕成了田
說是樹，她又躺成了湖

說是星，她又結成了鹽
說是魚，她又烤成了餅
說是蛇，她又飛成了鷹

就章而言，各段均以整齊的形式，各自排比成詩；就詩而言，首章以「既非雨又非花」、二章以「有時名詞有時動詞」、三章以「說是水，她又耕成了田」，各自不同的形式組合成詩，詩在整齊之中自有三種變化。就意而言，首章以反說、二章以不定之詞、三章以不可捉摸的主題鋪寫，詩意在一致之中，頗能描述女人多樣的形貌。

**二、深化修辭──以「象徵中有象徵」爲例**：分析辭格的特質，活用修辭的技巧，使同一辭格之中，還有相同的修辭；同一意念裡面，還有更深的意思，叫做深化修辭。如由具體事物、象徵意念與象徵喻詞組合而成的象徵修辭，須藉人的聯想才能完成。因爲加入人的聯想，所以在大的象徵之內，可以再用小的象徵，豐富詩的意涵，使詩在兩層象徵的深化之下，得以寫出更有詩意的文字。如楊鴻銘「我四十五歲」一詩，以網來象徵人生：

織著，織著
織成一張堅韌的網
撒向

茫茫的大海
我緊緊的握著
守著

網
漸漸的動了、動了
得意、失意
榮耀、感傷
一一流入網內
網被擠得大大的
滿滿的

於是
我開始收網
一滴一滴的血
凝成書編

一本一本的我
業已出版
浸在水裡四十五年
網卻一點一線
一點一線朽也似的鬆了
裂了

幾多的感傷、失意
任從網的缺口
漂了出去
漂入水中
漂給人生茫茫的大海

從織網象徵幼年的學習、自我的充實，從網已織成象徵人已長大自立、學養已具雛形，從流入網中的得失，象徵社會的歷練、榮辱的到來，從拉網的收穫，象徵作者的志業、努力的成果，從網的腐朽，象徵人已逐漸衰老、青春已經不再；以上均以整體的象徵來敍述。至於末章「幾多的感傷、失意，任從網的缺口，漂了出去，漂入水中，漂給人生茫茫的大海」，則在以網象徵人生之外更進一層，以「漂給人生茫茫的大海」象徵無怨無悔，忘懷得失，把缺憾還諸大地的意思。詩在兩層的象徵裡，寫出一致而又深刻的人生。

**三、錯化修辭—以「摹寫中有錯落」爲例**：以交錯的字句描寫景物，或用穿插的筆法鋪陳情事，使本來可以直敘的文字，除了仍能眞實的描寫之外，又多了一分錯落的美感，叫做錯化修辭。如描寫視覺、聽覺、味覺的摹寫修辭，除具體呈現描寫的對象之外，如能採用錯化的修辭加以變化，不但可使描寫的意象鮮明，而且還能活化全詩的情境。如李敏勇暗房：

這世界
害怕明亮的思想
所有的叫喊
都被堵住出口
真理
以相反的形式存在著
只要一點光滲透進來

一切都會破壞

首章「這世界，害怕明亮的思想」，「這世界」是暗房、也是眞實的世界；次章「所有的叫喊，卻被堵住出口」，「所有的叫喊」是照片上的人物，也是在暗房內外眞實的人們；「眞理，以相反的形式存在著」是負片才能沖洗照片、也是現實社會可能的情形；「只要一點光滲透進來，一切都會破壞」，是在暗房沖洗照片、也是現實世界「害怕明亮的思想」的寫照。本詩以主觀的聯想，描述暗房眞實的情形，是摹寫；但在摹寫之中，首章與末章本來可以前後相銜，作者卻故意分開植放，正是錯落明顯的作法。

**四、融化修辭──以「譬喻中有誇飾」爲例**：在某一辭格中融入其他的修辭，使詩句同時具有多種辭格的特質，叫做融化修辭。如以主體、喻詞、喻體組成的譬喻修辭，在其譬喻的文字裡，融入誇飾的成分，可使詩句同時具有譬喻與誇飾的修辭效果。如白靈風箏：

扶搖直上，小小的希望能懸得多高呢
長長一生莫非這樣一場遊戲吧
細細一線，卻想與整座天空拔河
上去再上去，都快看不見了
沿著河堤，我開始拉著天空奔跑

「長長一生莫非這樣一場遊戲吧」句，以風箏譬喻人生；「細細一線，卻想與整座天空拔河」一句，就風箏而言，是描寫；就人生而言，暗寓人的渺小，則是不折不扣的誇飾。

**五、迴化修辭——以「轉化中有自我」為例**：在比擬、譬喻或象徵的修辭裡，仍然回到主體的我，仍能看到作者的影子，叫做迴化修辭。如擬人、擬物的轉化修辭，可以在比擬之中，又用迴化的手法，看到被比擬的主體。如焦桐雙人床：

夢那麼短
夜那麼長
我擁抱自己
練習親熱
好為漫漫長夜培養足夠的勇氣
睡這張雙人床
總覺得好擠
寂寞佔用了太大的面積

「我擁抱自己」的「自己」，是眞實的自己，也是自己的「寂寞」；「寂寞佔用了太大的面積」的「寂寞」，是擬人，也是詩人自己的「寂寞」。「自己」與「寂寞」，是自我，也是轉化，自我與轉化在詩中，已經合而為一了。

廣化修辭，以辭格的特質延伸修辭的技巧；深化修辭，以單一的辭格呈現更難的辭法；

錯化修辭，以交錯的形式活潑詩裡的情境；融化修辭，以多種的辭格鮮明全詩的意象；迴化修辭，則在譬擬之中又見被譬擬的主體。新詩因爲新，因爲可以自由的構想，所以不管修辭或布局，都應與習見的散文有所區別，才能寫出與散文不同的詩句。筆者在此提出五種新的辭法拋磚引玉，希望同好都來開發這一塊新的修辭園地。

（孔孟月刊440期、民國88年4月）

# 第二十四章　新詩的音韻與節奏

古詩必須押韻，唐宋詩詞則在韻腳之外，每句又講平仄。至於新詩，只要具有詩的形式，只要音韻能夠和諧，格律可以自由，形式可以自創，篇幅也可以隨意的增減；不必刻意在平仄上自我設限，也不用在韻腳上考慮東、董或腫、送。

音韻是整首詩的律動；新詩的音韻不用設限，但卻必須講求，才能讀來朗朗上口。節奏是詩句之間的抑揚；新詩的節奏不用刻意，但卻必須諧調，才能唸得錯落有致。音韻與節奏是詩的音樂，也是詩的情感，如能配合詩的意思、詩的氣氛而譜寫詩的音節，必能寫出可歌可誦的好作品。今筆者從嚴謹到隨意，羅列七種有關新詩音韻與節奏的寫法如下：

**一、隔句押韻**：新詩的韻腳，可以採用古音或國語的韻母來押韻。以古音押韻，貴在求其自然，使押韻的古音，不但不會破壞新詩新的情致，而且還能製造圓融的音效。以國語押韻，雖然不合古韻，但因國語已經成為慣用的語言，所以採用國語的韻母押韻，也能使詩讀來輕重得宜。如徐志摩再別康橋：

但我不能放歌，
悄悄是別離的笙簫；

夏蟲也爲我沉默，
沉默是今晚的康橋！

「簫」與「橋」字押平聲「簫」韻，所以讀來頗爲悅耳。

悄悄的我走了，
正如我悄悄的來，
我揮一揮衣袖，
不帶走一片雲彩。

「來」屬平聲灰韻，「彩」屬上聲賄韻，但在國語的音讀上，韻母相同；如以國語朗讀，也有類似押韻的感覺。

**二、隔間押韻**：不以韻腳押韻，而在句與句間、或句中的文字押韻，叫做隔間押韻。隔間押韻只在作者想要講究、或詩意必須配合的時候才押韻，因此押韻的位置，可以聽任作者的意思安排。如楊鴻銘夜：

下班之後
走進城內
霓虹在身旁閃爍
鈔票從手裡流出

拿破崙、白蘭地、軒尼詩　還有
蘇格蘭的威士忌

「白蘭地」的「地」與「威士忌」的「忌」字，韻腳不在句末，而以隔間的方式押了去聲「寘」韻，因此詩的語句清晰而又明亮。

**三、隔句諧聲**：在奇數或偶數句的句末，不以韻腳押韻，而以相同的平或仄聲諧調，叫做隔句諧聲。因為隔句同用平或仄聲，所以詩韻雖然不如押韻整齊，卻也足以營造另類的音韻效果。如楊鴻銘鷹的第二章：

唰的一聲
直射天際
整片的蔚藍
飛成兩半

第一句的「聲」字與第三句的「藍」字，均為平聲；第二句的「際」字與第四句的「半」字，均為仄聲；一、三的平聲與二、四的仄聲彼此錯落，音韻鏗鏘有力。

**四、同句諧聲**：在同一語句裡，避免只採平聲或仄聲的字眼，而以平仄相間的方式遣詞造句，叫做平仄諧調。同一語句中有平有仄，或句與句間以平仄的聲調相互交錯，都能活潑詩的音韻，而使詩的意思更為鮮明。如蕭蕭風入松：

風來四兩多
松葉隨風款擺、吟誦
風去三四秒
五六秒
松，還在詩韻中
　　動

微風吹來，不說三兩、五兩，而以「四兩」形容，一來「四兩」恰到好處，二來「四」字去聲，植入「風來四兩多」句裡，音調才能輕重得宜。又，「松葉隨風款擺、吟誦」的「誦」字，以去聲擺在句末，除了頓挫抑揚之外，還有收束「風來」兩句文字的功用。

**五、緩急相間**：緩是長句，可以表達較爲完整、或較爲舒緩的情景；急是短句，可以寫出較爲急促、或較爲緊張的情境。句與句間長短交錯，可使詩的結構平穩，詩的節奏輕重有致。如楊鴻銘鷹的第一章（鷹計兩章）：

沒有風
沒有雲
在孤絕的崖上
站著

「沒有風，沒有雲」兩句，交代情境，節奏平順；「在孤絕的崖上」，敘其處境，節奏舒緩；「站著」，敘其動靜，節奏短促。以長句「在孤絕的崖上」敘其處境，下文如果再以長句敘其動靜，不但節奏過於舒緩，而且無法寫出老鷹明快鮮明的個性，所以下句只用「站著」二字煞尾，以振起前句舒緩的語氣，並平衡全詩的節奏。

**六、頓音節奏**：在詩句之間，以缺空的手法表達詩的意象，使詩在斷與續的律動裡鋪展，叫做頓音節奏。以中斷頓住詩句，以缺空突顯詩意，詩從形式就能清楚看出作者的意思。如穆木天蒼白的鐘聲：

聽　殘朽的　古鐘　在灰黄的　谷中
入　無恨之　茫茫　散淡　玲瓏
枯葉　衰草　隨　呆呆之　北風
聽　千聲　萬聲——朦朦朧朧
荒唐　茫茫　敗腐的　永遠的　故鄉　之　鐘聲
聽　黄昏之深谷中

以缺空傳達鐘聲若斷若續、又不斷飄入耳際的情景，詩在一頓、兩頓之間，情感不斷的流了出來。

**七、斷音節奏**：將整句的文字，拆成一個一個獨立的個體，並以截斷的音節，分別讀出一個一個的文字，叫做斷音節奏。斷音節奏係以截斷的音節，寫出深刻的感受，因此詩的感情比頓音更爲強烈。如白荻流浪者：

望著遠方的雲的一株絲杉
望著雲的一株絲杉
一株絲杉
絲杉
在
地
平
面
上

「在、地、平、面、上」，五字五個音節，音節個個獨立，個個斷開，詩中孤獨的意象，深刻而又明晰的呈現在紙面之上。

新詩的音韻，可以仿古，也可以創新；新詩的節奏，可以頓錯，也可以圓滑。只要配合情境，深化詩意，新詩的音韻與節奏，本來就沒有一定的規則。

（孔孟月刊441期、民國88年5月）

# 第二十五章　新詩的舊與新

從古詩、唐詩、宋詞到元曲，形式雖然改變，但其語言並無多少的差異；從文言的古詩到語體的新詩，雖然同樣是詩，但在形式、在內容上卻有很大的不同，這是語言的關係，也是創新的結果。今筆者提出一套又舊又新的寫法如下：

一、**覆述轉新**：新詩雖然是新，但因常人多少學過一些古文，多少讀過一點古詩，所以在有意、無意之間，總會受到經驗的影響，而在新的詩文裡流露出舊的題材，甚至以舊的題材框上新的形貌，重新寫出忠於原意的新詩來。如楊牧的詩：

風靜了，我是
默默的雪。他在
敗葦間穿行，好落寞的
神色，這人一朝是
東京八十萬禁軍教頭
如今行船悄悄
向梁山落草

山是憂戚的樣子

以水滸傳的人物林沖爲其題材，並以忠實的態度，想像林沖的際遇與行止，頗能再現書中林沖的樣子。

**二、演繹轉新**：以舊的題材重新寫詩，詩是新的，但其內容卻是舊的，讀來讀去，仍然在舊的漩渦裡翻騰。如果想從往古取材而寫出新的詩文，則以演繹推衍或重新詮釋的方式，即能達成。因爲演繹，所以情節有了變化；因爲詮釋，所以古典已經含有新義。如大荒謁杜甫草堂：

被廷爭疏離君主
被戰爭逐出長安
蜀道這條玄宗倉皇出奔的路
你奔，就苦於上青天了
麗人行的低吟
悲陳陶的吶喊
哀江頭的吞聲
没感動任何當局
你的詩只有酒壺聽懂

只有蛺蝶蜻蜓
採用花間水上的舞譜
左拾遺這種小官
裝不滿緋魚袋
填不飽空皮骨
這才荒江結屋
以作詩的手作稼
以謀篇的力謀生

本章敍杜甫因關輔饑亂、辭官輾轉入蜀、築草堂於成都西郊的浣花溪畔、躬耕自給的一段經過。有事實，也有演繹；有寫實，也有鋪飾；雖然據史描寫，也是一篇創新的作品。

**三、構想轉新**：從舊的題材寫出新的作品，只是推衍，仍然屬於歷史。如果想以舊的題材抒發一己的情感，表現個人的看法，則應擺脫據實鋪陳、據事演繹的方式，而將舊的題材視爲一堆創作的素材，或以數種相關、甚至截然不同的材料，重新組裝，並以一己的思想爲其主題敍寫成篇，才能在舊的史料中看到新的字句，才能藉事抒發自己切身的感受。如余光中尋李白：

酒入豪腸，七分釀成了月光

餘下的三分嘯成劍氣
口一吐就半個盛唐
從開元到天寶，從洛陽到咸陽
冠蓋滿途車騎的囂鬧
不及千年後你的一首
水晶絕句輕叩我額頭
噹地一彈挑起的回音

以讚頌的心情描寫李白，以議論的口吻敘其地位，並將李白的個性、作品、時代背景與詩文評價，雜揉而成這首活潑生動的好詩。

**四、轉化轉新**：無論就一主題組裝舊的題材，或以批評的角度切入舊的題材，而寫出具有思想的作品，都用旁觀的立場審視歷史的題材，都在文明的今天回顧過往的情事。如果想以設身處境、甚至進入當時的情境之中創作，則能採用轉化的手法，把自己投入作品的時空裡，想像其人的際遇，而寫出內容屬於從前的新詩來。轉化可以擬人、可以擬物，也可以採用你我他的口吻敘述。轉化的寫法，可以忠於事實依序敷陳，可以只取部分事實加以變化，也可以用自己的眼睛看待過去的事物，而寫出生動、有趣的詩文來。如零雨昭關：

左手推窗，一夜冰雪

右手推窗
一夜冰雪，一夜
冰雪。覆蓋昭關

然後我的頭髮一根一根叛變
我的容顏遍布逃亡的轍跡
後面，追逐的人還在尋覓
嗅犬的聲音漸次逼近
鏡子裡，我已是祖父了

有人呼喚我童年的乳名，企圖
認出我，且
加以嚴峻的利傷

今夜，我要渡過昭關，行經
最險惡的地形，且擁抱

那最溫暖的陌生
守門的人——冷漠
打量我，彷彿
那雪的溫度就是我內心的溫度

採用子胥過昭關、髮爲之白的典故，以我的口吻騁其想像，作品在舊的題材之中，自有新的意思。

**五、突破轉新**：有人從過往的情事，找到寫作的題材；有人則從前人的作品，學習寫作的方法。寫作的方法最好走出傳統，最好獨樹一幟，但偶而採用古人的技法也無妨？何況技法只要是好的，並無新舊之分；只要在舊的技法中融入新的嘗試，也能寫出新的風格；從模仿到自我構想，正是創作必經的歷程。如鄭愁予錯誤：

我打江南走過
那等在季節裡的容顏如蓮花的開落

東風不來，三月的柳絮不飛
你底心如小小的寂寞的城
恰如青石的街道向晚

跫音不響，三月的春帷不揭
你底心是小小的窗扉緊掩
我達達的馬蹄是美麗的錯誤
我不是歸人，是個過客

以傳統的手法鋪寫閨怨的詩文，但經末章「我達達的馬蹄是美麗的錯誤，我不是歸人，是個過客」一提，全詩刹時靈動了起來。

新詩的內容須有巧思，因此採用舊的題材，最好能翻出新意；新詩的形式須有安排，因此採用舊的技法，最好能融入自己的構想。從傳統取材本來無可厚非，但不能一味的抄襲；從己意思考本來就該如此，但不能隨意的作怪。因爲新詩的「新」，是創作；新詩的「詩」，是文學。是創作，則不能抄襲；是文學，則不能作怪。

（孔孟月刊445期、民國88年9月）

# 第二十六章　新詩再創作的方法

賞析，以感性的體會爲主，偶而也帶有議論的成分；批評，以理性的探討爲主，偶而也含有欣賞的因子。一首新詩，因爲賞析的角度、批評的標準不同，可能會有很不一樣的結果；但不管結果如何，詩仍然是詩，詩與賞者、評者仍然分屬不同的兩方，無法彼此融在一起。讀者雖然可以循著作品，逐字逐句上溯作者當時的心情，但讀者對於作者只能旁觀，只能靠著一己的想像，而無法分享作者創作時的喜悅，也許會有一些不足的感覺吧！

如把完整的作品分析、批評之後，依照自己的意思，試著加以分解、加以組合，加以增減，甚至加以刻意的刪改，使原來的作品展現另類的風貌，而極度發揮新詩可塑的特質；使原本旁觀的讀者，直接參與新詩的寫作，而走進新詩的世界，不也是一種嶄新的經驗嗎？今筆者提出幾種新詩再創作的方法，也許可以給您一些有用的觸發吧：

一、**增刪創作**：詩的篇幅過於冗長，詩的字句過於繁複，或以相同的句型排比、譬喻而成的詩篇，如果減去一章、兩章，也許可使作品更爲簡潔，更爲凝鍊。又，如果詩的篇幅過於簡短，詩的字句過於急促，或因詩的情境尙未完足，如果加上一章、兩章，也許可使作品的意象更爲豐富，更爲多樣。如洛夫有人從霧裡來：

有人從霧裡來，穿過那無人的院落
霧也跟著進來，長廊盡頭的窗口點著燈

摘下風帽，合著影子而臥
他縮著躺在床上像一支剛熄的煙斗
帽子就是餘燼……

「有人從霧裡來」，極寫濃霧瀰漫在整個時空裡；「穿過那無人的院落，霧也跟著進來」，極寫滿是濃霧的院子，闃無一人；三句已把詩的情境交代清楚了，如果直接以「摘下風帽，合著影子而臥」，獨處孤寂的情形爲其主體敍寫第二章，也無損於它是一首好詩。

**二、改序創作**：經過作者苦心安排的章節，有時因爲讀者不同的認知或有意的嘗試，而故意改易原詩的次序，變化作品整體的結構，使詩在不減字句的情形之下，得以營造一種作者始料未及的趣味。如張默駝鳥：

遠遠的
靜悄悄的
閒置在地平線最陰暗的一角
一把張開的黑雨傘

本詩如把形容駝鳥張開尾翼，有如雨傘的「一把張開的黑雨傘」移爲首句，而以突兀的筆法開啓詩端，可能會使讀者更爲注意「閒置在地平線最陰暗的一角」，遠在南非、不爲人知的駝鳥。

**三、錯落創作**：有時作者爲了考量詩的情境，而以平順的文字敷陳；有時作品有前有後，有其一定發展的次序，所以採用直敍的方法描寫，這是作者構思布局時常有的想法。讀者可以不管這些，可以按照自己的意思，在不改詩意的前提下，錯落原有的詩句，使詩從平穩而趨於活潑，從整齊的紙面立體的站了起來。如方思聲音：

夜漸漸地冷了，我猶對燈獨坐
冬夜讀書，忍對一天地間的黑暗
僅僅隔一層窗，薄薄的紙

我猶挑燈夜讀，忍受一身寒意
每一個字是概念，每一句子是命題
是力量，是行動，是一個生生不息的宇宙
　有熱，有光

在沉寂如死的夜心，我聽到一個聲音
呼喚我的名字：我欲
　　　　　推窗出去

本詩以順序的方式鋪寫，詩末頗有掙脫寒夜、陶醉書中的趣味。但如將首章移到詩末，全詩則從閱讀回到現實，回到自己對寒夜的感受。詩意一宕或一合的意境，讀者可以自由的體會。

**四、易位創作**：將本來排列妥當的詩句，上下改易其位，可以強化、甚至營造完全不同的趣味。尤其遇到具有特殊效果的詩句，如將位置改變，詩的意象可能更爲鮮明。如白荻流浪者：

望著遠方的雲的一株絲杉
　望著雲的一株絲杉
　　　一株絲杉
　　　　絲杉
　　　　　在
　　　　　地

一
株
絲
平線上杉在地平線上

原詩把「在地平線上」五字緊貼地面，並逐字成行，這是流浪者平視遠方、孤獨移情的結果。如將「在地平線上」五字頂格，浮在詩句的上方，流浪者不但向遠方眺望，而且會在只見絲杉、上下空無一物的情境裡，「獨愴然而淚下」了。

**五、提行創作**：新詩雖然沒有明確的格律，但大抵係以分行排列爲主。分行可以句句完足，可以句跨兩行、三行，甚至把整章連成一氣。如把詩句重新按照自己的意思併成一行，或拆成數行，也許可以使詩呈現出人意表的效果。如羅英婦人：

在她笑聲的

溪流
漂浮著
幾片過早掉落
被稱爲眼淚的
葉

使得那婦人
萌生起些些的
嫵媚
好似秋後
有桂樹氣息的
風

如把「在她笑聲的／溪流」，併成「在她笑聲的溪流」，詩句雖然相連，但因相連之後的詩句，未經截斷、頓挫而顯得過於淺白，所以讀來了無詩意。如把「好似秋後／有桂樹氣息的／風」，併成「好似秋後有桂樹氣息的風」，當然可以，但在相銜的詩句裡，隨口讀來已是散文，而不像詩。

以現成的詩做爲素材，按照自己的構想重新組合，重新增減，雖然並非真正的創作，但個中自有趣味在。與其只當個欣賞者，不如大膽做個參與者；新詩再創作的方法很多，如果能夠勝於原作，誰說詩的作品非得照單全收不可呢？

（孔孟月刊456期，民國89年8月）

# 第二十七章　新詩續寫的方法

新詩因爲文字簡短，意象豐富，本來就可以從不同的角度詮釋。尤其在字句尙未成詩之前，語意更是多端，更能馳騁自己的想像，而寫出前後一致的作品。

續寫新詩，雖然結構不必嚴謹，卻須具有詩的樣子；雖然可以隨意接續，卻須具有明顯的意象；至少須是有跡可循的想像，才能叫做完整的作品。今筆者提出一套新詩續寫的方法，並先預擬四句做爲題目，然後依序續寫而成一首完整的「航」詩：

一、**視爲情境**：把前面的引文視爲情境，視爲背景，視爲下文即將鋪敍的時空；然後以此引文做爲全詩表演的戲幕，表演的場景，必能任隨作者在此幕景之下，輕鬆自在的揮灑。

二、**視爲前提**：把前面的引文視爲詩文敍議的前提，確立詩文主要的內容，並界定詩文鋪寫的範圍。然後以此前提做爲詩文的核心，多方設想而寫出完整的作品，也是新詩續寫的方法之一。

三、**視爲經過**：前面簡短的引文，如果無法看出具體的意思，則將此一引文補上自己所想續寫的字句；如果此一引文表達的意思，已經具體明白，則將引文做爲事情簡短的經過，下文再依此一經過詳細的鋪展；或把此一經過視爲綱領，而以兩章或三章的篇幅分敍，也能寫出一定的水準。

**四、視爲結果**：如果前面簡短的引文，意思不但具體，而且已經頗爲明確；則以此一引文做爲事情的結果，而構想一段經過；或以此一引文做爲結論，而往前敍寫幾章可以得出此一結論的字句，也是續寫值得嘗試的方法。

如果純就詩前引導文字接續的形式來說，方法又有三種：

**一、視爲一章**：前面引導文字的語意已經完足，不用加上字句就能表抒清楚的意念時，則將此一引文視爲首章，然後另啓新的章節。

**二、視爲片段**：前面引導文字的語意，如果不夠完足，則須加上一些字句，才能表抒清楚的意念，才能成爲獨立的一章，而後開啓新的章節。

**三、視爲綱領**：前面引導文字的語意，可以分做兩個以上的意念時，可以以此引文做爲綱領，而將一個意念寫成一章，詩末再設法回應全詩的主題，也是續寫可以採行的方法。如以「舵，畫出長長的線／隨漂泊的帆／揮去水中的／白雲」爲題，可以續成如下一首完整的「航」詩：

**航**

舵，畫出長長的線

隨漂泊的帆
揮去水中的
白雲
在綠的波浪裡
留下
始終圈不住的
無垠

風不施捨
可以划槳
鷗不帶路
自己摸索
是
哥倫布發現新大陸的
喜

鐵達尼撞上冰山的
悲
麥哲倫停在太平洋的
靜
等待著我

我以哥白尼的無懼
航向前去
心
掛在遠方

帆在水面漂泊，船在海上航行；航行於海面之上，航向遙遠的地方，這是本詩的情境。因爲白雲映在水裡，所以揮去白雲，就是航向前去；不斷的告別白雲，不斷的向前航去，這是本詩的前提。

「舵，畫出長長的線」，舵無休無止的畫線，船無時無刻的航行，這是本詩的經過。舵，一直畫著長線；帆，一直隨風漂泊；雲，一直與船揮手。結果就在遠方，就在不知終點的冒險之中，這是結果。

因爲新詩的文字較爲簡潔，語意較能多解；所以續寫新詩時，只要有主題，有具體或可以想像的內容，都能寫出不錯的好詩。

（中國語文523期、民國90年1月）

# 第二十八章　新詩仿創的方法

模仿，可以亦步亦趨，可以稍做改變，也可以據此觸類旁通而重新創作。模仿，可以只取其形，可以只取其意，也可以從此伸展思緒而大膽的嘗試。從初淺的模仿，到打破、甚至超越原來模仿的對象，才能從模仿之中，走出自己全新的創作。

新詩，可以從既有的作品思考，也可以試著跳出慣性的模式，而從事更新的努力。今筆者以楊鴻銘四季行板為例，提出一套既是模仿，又是創作的方法，並寫四季行板(二)做為例子：

春：「一陣東風／點燃春的引信／奔放的綠／嬉嬉鬧鬧／在樹的梢頭競逐」。
夏：「夏的旋律／灑在葉上／豎琴的雨滴／彈去暑熱／撥來一季清閒」。
秋：「楓紅是火／燒著山林／熊熊的秋／映在雲上／照亮黃昏的夕陽」。
冬：「輕輕的雪／飄來窗前／隨手撿起詩意／一句一句／寫在冬裡」。

**一、形式仿創**：以原詩的形式做為模仿的對象，可以直接套用原詩的形式，而寫出不同內容的作品；也可以只取部分的樣子，而寫出已經加以變化的詩篇。如仿「春」詩，可以稍做改變，而寫出四季行板(二)另一首晴時多雲、生意盎然的「春」詩：

一片雲
一場小雨
一陣風
一野綠意
　春，醒了

**二、正意仿創**：以原詩的內容做爲模仿的對象，只取其意而不師其辭，也能寫出全新的作品。此類作品意思雖然相同，但表現的手法卻已經有所不同了。如以楊鴻銘的夏：「從亙古走來／提著色盤／自然是我的畫布／繽紛是我的彩筆／累了就睡，一片斷黑／太陽又將把我叫起／任我揮灑」、「天是澄的／花是豔的／水是清的／億萬年的熟悉／這是我的傑作／我的堅持」、「也許／我將打翻畫板／濺滿一地／一地的金黃／我將暫時遠去／待盛滿綠綠的一盤／我將再來」爲例，可以模仿把夏比擬爲畫家，而寫出另一首色彩繽紛、美不勝收的「夏」詩：

熱鬧的色彩
隨手一揮
藍色、白色、綠色、紅色……
到處都是

夏，來了

**三、反意仿創**：以原詩的內容，做爲逆向思考的材料，從反面構想自己創作的主題，不但可以免去一成不變的模仿，而且還能在原詩的激盪之下，寫出更具新意的詩篇來。如仿「夏」詩，可以從夏的清閒逆向思考，而寫出四季行板㈡另一首滿天熱鬧、滿地熱情的「夏」詩：

蟬的歡唱
一聲勝似一聲
太陽一時高興
滾燙的熱情
整桶倒入夏中

**四、題材仿創**：以原詩相同的題材，做爲模仿的基礎，然後在相同或相近的題材中，奇出巧思，而創作出迥異原詩的作品。如此寫作，只是藉題觸發更新的構想，與其說是模仿，不如說是創作。如仿「秋」詩，只取秋天楓葉必然凋零的現象，而寫出四季行板㈡另一首楓葉漸落、秋來漸近的「秋」詩：

黃葉、紅葉
漸漸凋零

禿立的枝幹
自遠而近
帶來秋的訊息

**五、意境仿創**：以原詩整體的意境爲其藍本，想像相同或相近的情景，然後構思主題，選用題材，而寫出一首完整的詩歌。表面上，是模仿；實際上，卻是不折不扣的創作。如仿「冬」詩，可以取用冬天下雪的意境，而以雪景爲主，寫出四季行板(二)另一首冬來飄雪、遍地是雪的「冬」詩：

已經灑了滿地
冬風
仍然把雪搬來
不停數著：
一堆、兩堆、三堆……

模仿，是創作之前的學習，也可以視爲觸發思緒的藍本。因此惟有走出單純的模仿，才能開啓創作真正的大門。

（中國語文524期、民國90年2月）

# 第二十九章　古詩改寫成新詩的方法

所謂古詩，係指新詩以前，所有必須押韻、或以整齊形式呈現的古體詩、樂府詩與唐宋以來的近體詩。古詩因爲必須押韻，必須講求平仄，所以時常錯落本來可以順敍的字句；因爲通常只有短短的幾句，所以無論在寫景或抒情之上，都以凝縮字句的方式來敍寫。學者如果想把古詩改成新詩，則須深入探討古詩的意思，並用心琢磨新詩表現的技巧，才能寫出符合原意，甚至勝於原意的新詩。

因爲文體之間的岐異，因爲表現的手法不同，所以只取其意改寫而成的新詩，有時爲了完足情境而馳騁想像，爲了呼應首尾而加字加句，爲了增益美感而潤飾語詞，爲了活躍情景而重新安排鋪寫的次序。所以將古詩改寫而成新詩，表面上是改寫，實際上卻已經進入另一個創作的領域了。今筆者提出一套古詩改寫成新詩的方法，並改寫十一首絕句做爲例子：

一、**順序改寫**：改寫不是語譯，所以必須加入適當的字句；改寫之後的作品，不是散文，所以必須以詩的意念重新構想，才能使按照原詩次序的改寫，改出一首具有創意的作品。如以柳宗元的「江雪」爲例，筆者改寫而成新的「釣」詩：

## 江雪

柳宗元

千山鳥飛絕，萬徑人蹤滅。
孤舟蓑笠翁，獨釣寒江雪。

## 釣（改寫柳宗元的「江雪」）

鳥飛走了
山林寂寞
綿長的路，望盡
千頭萬頭
就是不見
人的蹤影

寒風時斷時續
吹冷
蓑笠老翁的船

遍地是雪
只剩
平靜的江水
一痕
輕薄的浮標
一個

以「鳥飛走了，山林寂寞」，改寫「千山鳥飛絕」；以「綿長的路、望盡，千頭萬頭，就是不見，人的蹤影」，改寫「萬徑人蹤滅」；以「寒風時斷時續，吹冷，蓑笠老翁的船」，改寫「孤舟蓑笠翁」；以「遍地是雪，只剩，平靜的江水，一痕；輕薄的浮標，一個」，改寫「獨釣寒江雪」。依序改寫，也能寫成一首全新的新詩。

**二、逆序改寫**：因爲改寫必須再現當時的情景，必須呈顯作者的情思，所以須將原詩的字句稍做調整，或把原詩整首顚倒過來，才能看個真切，而寫出更爲豐富的意思。如以王維的「雜詩」爲例，筆者改寫而成新的「故鄉」一詩：

## 雜詩　王維

君自故鄉來，應知故鄉事。

來日綺窗前，寒梅著花未？

## 故鄉（改寫王維的「雜詩」）

寒冷的冬裡
梅花
浮來窗前
輕輕向人
開口示意
熟悉的景
熟悉的人
今年
是否依舊
在那遙遠的故鄉

「寒冷的冬裡，梅花，浮來窗前，輕輕向人，開口示意」，改寫原詩的後兩句「來自綺窗前，寒梅著花未」，做爲新詩「故鄉」的首章。以「熟悉的景，熟悉的人，今年是否依舊，在那遙遠的故鄉」，改寫原詩的前兩句「君自故鄉來，應知故鄉事」，做爲新詩「故鄉」的次章，並回應首章，以收結全詩。詩的改寫從後章逆溯而來，也能完成新的作品。

**三、錯序改寫**：有時原詩的字句，情景不夠完整；有時原詩的意境，同時橫跨數句。爲了寫出新詩完整的章節，爲了描摹更爲深刻的意境，所以必須錯落或重整原詩的字句，才能寫出真正新的新詩。如以孟浩然的「春曉」爲例，筆者改寫而成新的「晨」詩：

## 春曉

孟浩然

春眠不覺曉，處處聞啼鳥。
夜來風雨聲，花落知多少？

## 晨（改寫孟浩然的「春曉」）

涼涼的天
好睡好眠
可惜
春天的初陽
已經把鳥叫醒

風也過了
雨也停了
繽紛的草地
小鳥七嘴八舌
正在傳說……

原詩雖以春天的晨景為其主題，但前兩句寫聲，後兩句寫景；聲與景似乎無法連成一氣。因此筆者在改寫的時候，故意不提前兩句的「聞啼」二字，而在詩末以「繽紛的草地，小鳥七嘴八舌，正在傳說……」明示「聞啼」二字，而寫出一首有頭有尾的作品。

**四、須有情節**：短短四句、八句，多則不過十來句的古詩，也許詩中有其情節，此時須把因為字句簡潔而省去的枝節恢復；也許詩中並無情節，此時可以依照詩的意思，加入自己構想的情節。因為新詩也是詩，詩的文字必須乾淨，所以情節只能簡要，不能長篇累牘。如以韋應物的「秋夜寄邱員外」為例，筆者改寫而成新的「寂寞」一詩：

## 秋夜寄邱員外

韋應物

懷君屬秋夜，散步詠涼天。

空山松子落，幽人應未眠。

## 寂寞（改寫韋應物的「秋夜寄邱員外」）

如水的夜下
邊走邊吟
秋
想人的季節
又在跟前

撿起松子
幾顆
山更空了
一夜的孤寂
整個襲向
你我

原詩首敘秋涼的夜晚，空山懷人的情形；詩中好像有其情節，但卻不夠鮮明。因此筆者首章只以「秋，想人的季節，又在跟前」，懸疑「懷君」的主題；次章則以「一夜的孤寂，整個襲向，你我」，點明因爲懷念而孤寂，因爲孤寂而想起你我可能俱皆未眠的情形。

**五、須有情思**：主體，可能是詩的主題，也可能只是作者用來表抒情感的媒介。因此從詩的字裡行間，仔細體會何者是景？何者是情？是否藉景以抒其情？是否景語就是情語？然後以新詩的形式，以作者的情思爲主題，重新布局，也能改寫出使人側目的作品。如以王維的「竹里館」爲例，筆者改寫而成新的「竹林」一詩：

**竹里館**　王　維

獨坐幽篁裡，彈琴復長嘯。
深林人不知，明月來相照。

**竹　林**（改寫王維的「竹里館」）

琴聲彈出林外
撥來
閒情閒趣
孤獨的嘯聲

在幽密的林裡
長長響起

竹子成浪成海
聲聲喧嘩
好奇的月
探下頭來
但見
影子只有一個

原詩以「竹里館」為題，情趣頗為淡雅。但如果深入的探討，則知作者在幽密的竹林裡，既獨坐，又長嘯；整片的竹海，只有多情的明月前來相伴，頗有「孤獨」的情思。因此首章以「孤獨的嘯聲，在幽密的林裡，長長響起」，次章以「好奇的月，探下頭來，但見，影子只有一個」，描述作者當時的心境，改寫而成「竹林」這首小詩。

**六、須有情境**：情境是詩的時空、詩的氣氛、詩的意涵雜揉而成的感覺，也是作者運用技巧，表現在字裡行間的美感。如果詩的情境完足，只要徹底的呈現就可以了；如果詩的情境不夠鮮明，就得加入一些枝節，藉以完整這首新的作品。如以王維的「鹿柴」為例，筆者改寫而成新的「一景」一詩：

**鹿柴**　王維

空山不見人，但聞人語響。
返景入深林，復照青苔上。

**一景**（改寫王維的「鹿柴」）

乘風而來的
聲
如低訴
如細談
在山裡、在林間
依稀蕩漾
幾線餘暉
想窺人語

在樹梢
在青苔
一路躲躲閃閃

以「乘風而來的，聲，如低訴，如細談，在山裡、在林間，依稀蕩漾」，改寫原詩的前兩句「空山不見人，但聞人語響」之後，情境不但鮮明，動態的人聲也更爲清楚了。以「幾線餘暉，想窺人語，在樹梢，在青苔，一路躲躲閃閃」，改寫原詩的後兩句「返景入深林，復照青苔上」之後，情境不但生動，而且以「想窺人語」回應二句「但聞人語響」的「人語」二字，詩的前後已經連成一氣了。

**七、須有趣味**：莊重嚴謹的古詩，加入一些情趣，可以變得活潑輕盈；典雅樸實的古詩，加入一些枝節，可以變得可親可近；平靜單調的古詩，加入一些動態，可使新詩變得生意盎然。趣味，可使新詩更爲生動，意象更爲清楚。如以李白的「玉階怨」爲例，筆者改寫而成新的「露」詩：

**玉階怨**　李白

玉階生白露，夜久侵羅襪。
卻下水精簾，玲瓏望秋月。

## 露（改寫李白的「玉階怨」）

露
白白的
爬上潔淨如玉的
階
爬上佇立秋愁的
襪
爬上了夜深深的
幕

月光清朗
灑在幕上
從水晶的簾後
望去
滿天星星

以「爬上潔淨如玉的，階；爬上佇立秋愁的，襪；爬上了夜深深的，幕」，改寫「玉階生白露，夜久侵羅襪」，露愈爬愈高，最後瀰漫了整個夜空。以「從水晶的簾後，望去，滿天星星」，改寫「卻下水精簾，玲瓏望秋月」水晶簾後望月的情形。改寫之後的新詩，不但生動，而且有趣多了。

**八、加入字句**：古詩的文字過於簡短，所以表意大多點到爲止，無法詳細的鋪陳。新詩的篇幅雖然不多，但因不受格律、不受平仄、不受字句的限制，形式比較自由，抒寫比較自在，所以只要加入一些適當的字句，就能和盤托出全詩的意象。如以王維的「送別」爲例，筆者改寫而成新的「盼歸」一詩：

### 送別

王維

山中相送罷，日暮掩柴扉。
春草明年綠，王孫歸不歸？

### 盼歸（改寫王維的「送別」）

從矮籬、從小徑、從林下
揮手再見

人走了
夕陽也走了
小小的柴門
擋不住滿山的
空寂

東風勤掃庭階
鮮草裁製綠毯
暫別的足跡
明年
是否還會
浮現門前

新詩加入字句之後，以「從矮籬、從小徑、從林下，揮手再見」，改寫「山中相送罷」；以人與夕陽都走了，只剩下滿山的空寂，改寫「日暮掩柴扉」；以東風常來清掃，綠草已經長了滿地，改寫「春草明年綠」；以暫別的足跡，明年是否還會再來，改寫「王孫歸不歸」。所加的字句雖然不多，但新詩的意思已較古詩豐富多了。

**九、加入章節**：古詩常以五、七言的形式鋪敍，近體則以律詩的八句與絕句的四句爲主；只有平仄、押韻，並無章節可言。因此改寫成新詩時，必須按照原詩的意思，自行分段；或以自己的想法分立章節，重新塑造新詩新的生命。如以李白的「靜夜思」爲例，筆者改寫而成新的「想家」一詩：

**靜夜思**　李　白

床前明月光，疑是地上霜。
舉頭望明月，低頭思故鄉。

**想　家**（改寫李白的「靜夜思」）

月光清冷
把夜凝結
霜
晶瑩剔透
鋪了一床

月裡、月外
想
看個分明
頭
愈抬愈高

不在那裡
又在那裡
想家的
白髮
在皎白的月下
又白了

原詩如按句意來分，只能分成前後兩部；只分前後兩部，雖然也能曲盡詩意，但卻還能再分。所以筆者將三句「舉頭望明月」與四句「低頭思故鄉」各自獨立成章，分別改寫成新詩的二段「月裡、月外，想，看個分明，頭，愈抬愈高」，與三段「不在那裡，又在那裡，想家的，白髮，在皎白的月下，又白了」。

**十、加入辭法**：以新詩的意念，重新改寫古詩的內容，除了取其意或取其境之外，還得加入適當的修辭，使原來過於簡潔的字句，能有更多解的意思，更深刻的意境。如以王維的「相思子」爲例，筆者改寫而成新的「紅豆」一詩：

**相思子**　王　維

紅豆生南國，春來發幾枝。
勸君多採擷，此物最相思。

**紅　豆**（改寫王維的「相思子」）

羞羞的
怕怕的
長出新芽
每當
南國的春天

長在梢頭
看在心頭
紅豆
愈採愈多
相思
愈來愈濃

以紅豆擬人，以轉化的辭法敍寫春來怯怯發芽的樣子，可以和相思的人，欲語還羞，只以採豆表其情思的情境相襯。以類疊的辭法結合物與人，使「長在梢頭」的紅豆，看在愁人的心裡，更增添了幾許的想念。以層遞的辭法，既動態描寫採擷的動作，又具體刻畫相思的情愁，所以新的「紅豆」一詩也就完成了。

**十一、加入結尾：**因爲古詩過於簡短，如果只照古詩的字句依序改寫，可能會有無法收結；或愈寫愈遠，無法回到主題的情形。所以在改寫古詩時，除了必須注意前後的脈絡之外，還得加入適當的結尾，才算完成。如以李商隱的「登樂遊原」爲例，筆者改寫而成新的「夕陽」一詩：

**登樂遊原**　李商隱

向晚意不適，驅車登古原。
夕陽無限好，只是近黃昏！

## 夕　陽（改寫李商隱的「登樂遊原」）

莫名的愁
纏在心頭
循西斜的餘暉
駛在
郊外的原上
盤桓

遠處
近處
一地夕陽的金
落日的紅

只是
夜已近了

以「遠處，近處，一地夕陽的金，落日的紅」，具體改寫「夕陽無限好」的「好」字。詩末則以「只是，夜已近了」改寫「只是近黃昏」，並收結全詩。使詩從徜徉於郊原之上、欣賞郊原的美景，到「夜已近了」，恰好構成自成首尾的一首新詩。

將古詩改寫成新詩，有時只取其意而另造新詞，有時只取其境而另表情思。表面上是改寫，實際上卻已經進入創作的領域了。改寫上述十一首新詩之後，心有所感，隨手寫了「新綠」一詩，做為本文最後收尾的句點：

## 新綠

一點新意
滴醒
已眠千年
橫在古裡的
詩

掙破律絕
迸出語體
老幹枝上
又見
嫩綠幾許

（孔孟月刊460期、民國89年12月）

# 第三十章　新詩改寫成散文的方法

新詩以簡淨的文字表意，所以必須加入原被省略的字句；新詩以自由的想像鋪寫，所以必須依據原詩，加入聯想；新詩以含蓄的字句抒情，所以必須推想作者的情懷，加入創作當時的情境；新詩以輕鬆的方式成篇，所以改寫成散文時，必須加上結尾，才能算是完整。新詩與散文之間，有相通之處，也有絕大的區別；如何改寫，就有待於文體方面的掌握了。今筆者提出一套新詩改寫成散文的方法，並將岩上先生的「夢」詩，改寫成「讀夢」一文做為例子：

**一、加入聯想**：新詩是作者飛翔想像的園地，也是讀者追尋夢境的地方；所以表現在外的文字，縱然簡潔，也有很多線索可以探討，也有很多蛛跡可以聯想。聯想，是解詩重要的方法，也是將詩寫成散文主要的憑藉。

**二、加入字句**：新詩常以橫列分行的形式排列，文字雖然不多，但其意思卻很豐富；新詩常以一意截成數行，爲何如此布局，應有作者深刻的理由；新詩常以修飾的辭法鋪寫，必須將其原意還原，並構想爲何採用這種辭法，才能徹底瞭解全詩的意思。加入字句，補足詩在文字表象上的未盡之意，正是散文改寫新詩不二的法門。

**三、加入內情**：有時平易的文字背後，正有詩人隱而未顯的意思；有時作者躲在事物之中，藉物以抒其情。新詩有單純的描寫，也有狀似單純，其實內情並不簡單的作品。遇到這些作品，除了揣摩字句之外，還得細心的體會，才能再現作者創作時候的情感。

**四、加入你我**：新詩因爲簡潔，有時雖然涉及人事，仍把你、我、他的代名詞省略。此時須在適當的地方加入這些指稱詞，使詩描寫的對象更爲清楚，使詩表達的意思，因爲你、我、他的介入，而顯得更爲明確。

**五、加入結尾**：新詩只要情境完足，並不要求具有散文般明顯的結尾。所以新詩改寫成散文，如果無法煞住文氣，如果無法收結全文，則須加上一節或一段結尾，才能圓合整篇的文章。

## 夢

岩上

生活像斷層的谷底
夢讓我們走進了森林
森林的廣闊深邃而迷人
驚喜如夜鶯的眼神向遠方

夢的翅膀與現實的距離
一振翼一齣美感

夢裡夢外
分割著生命的傷痕

## 讀「夢」（改寫岩上先生的「夢」詩）

沒有突來的喜悅，沒有意外的驚奇，人像掉落斷層的木偶，只能在狹窄的谷底，不停的爬著。偶而躺下身來，才能看到幾線迷人的清輝，幾點閃爍的星光，透過滿山繁密的森林，投映在人的夢上。

寬闊的森林裡，微風吹在梢頭，小鳥啼在枝上，還有故意探出頭來的小鹿，熱情招引人們走入深邃的森林。森林的小徑旁、大樹下，繽紛的花朵到處喧鬧；貪婪的雙眼，有如乘著夜鶯的翅膀，不斷伸展他的視野。

煩囂的人聲，沒了；沉悶的工作，遠了。天上的雲影，悠閒的飄著；地面的溪水，潺潺的流著。是夢境也好，是現實也好，載著雙眼的翅膀，正向森林無盡的美感，一路拍打過去。

只恨好景不常，好夢易醒；幾根惱人的思緒，撞斷夜鶯自在飛翔的雙翼，人又再度跌落谷底中了。睜開眼來，同樣的生活，同樣的作息，一點沒變！

本文將「驚喜如夜鶯的眼神向遠方」，聯想成「森林的小徑旁、大樹下，繽紛的花朵到處喧鬧；貪婪的雙眼，有如乘著夜鶯的翅膀，不斷伸展他的視野」一節，這是加入聯想。

本文將「生活像斷層的谷底」，加入想像的字句之後，改寫成「沒有突來的喜悅，沒有意外的驚奇，人像掉落斷層的木偶，只能在狹窄的谷底，不停的爬著」一節，這是加入字句。

本文將「一振翼一齣美感」，作者並未明說的情思，改寫成「是夢境也好，是現實也好，載著雙眼的翅膀，正向森林無盡的美感，一路拍打過去」一節，這是加入內情。

本文將「驚喜如夜鶯的眼神向遠方」，加入指稱之詞後，以「有如乘著夜鶯的翅膀，不斷伸展他的視野」的「他」字，表達更爲清楚的意象，這是加入你我。

本文將原詩末了「夢裡夢外，分割著生命的傷痕」，以「睜開眼來，同樣的生活，同樣的作息，一點沒變」，區隔夢與現實的距離，並收束全文，這是加入結尾。

善用聯想補足原詩的內容，發揮想像豐富原詩的意涵；注意文章的結構，並採入適當的修辭，您會覺得把新詩改寫成散文，其實不難！

（孔孟月刊463期、民國90年3月）

# 第三十一章　童詩的寫法

小孩的言語是無心的，可以不受禮俗教化的約束，隨著當時情境的感受，而直接說出自己想說的話來。小孩的言語是有意的，可以得自父母親友簡單的認知為其基礎，而推演出自己對於事物的看法，或對周遭環境強烈的印象。不管無心或有意，只要耐心傾聽小孩的稚言與稚語，往往能使陷在社會桎梏生活之中的大人們，耳目頓時一新。

小孩精警有趣的隻字片語，雖然可以入詩，但卻不一定能夠成詩；因為詩有詩的情境，詩有詩的語言，詩有詩該講求的結構。所以發人深省的話語，必須融入一定的情境之中，才能自成詩的首尾；詼諧幽默的對話，必須放在一定的結構裡面，才能顯出詩的特質；怡人可口的天籟，必須加入詩的因子，才能寫就完足的篇章。

既然是詩，就有一定的組織與結構；但如要求六、七歲的小孩或十一、二歲的幼童，循著一定的規矩來寫詩，不但無法寫出像樣的詩作，反而可能戕害兒童創作的火花，使其終身不敢再次的談詩。因此與孩童談詩，不能躁進，必須逐步的引導，使他們進入詩的領域，卻不知道自己正在學習作詩，才能寫出令人印象深刻的詩篇來。

孩童的詩緒如果來自古老的神話，則應詳述此一神話的歷史，然後加入一些粗淺的知識，使他們得以乘著想像的翅膀，翱翔在古往今來的時空中；如果來自著名的童話，則應敷陳此一童話的情節，然後加入一些延伸的題材，使他們勇於探出冒險的觸角，而徜徉在無遠弗屆的世界裡。

孩童的詩緒如果來自自然的景物，則應交代此一景物的背景，然後加入一些類似的材料，使他們能夠自然的觸類旁通，而串聯出更多有趣的詩話來。如果來自現實的情事，則應分析此一情事的原因，然後加入一些可能的結果，使他們能在單純的認知之中，寫出坦率而又直接的感想。

童詩題材的來源是多端的，是難以捉摸的；童詩寫作的筆法更是多樣的，更是難以規範的。因此童詩可以採用排比的筆法，把自己對於此一主題所有的看法，全部排並羅列出來；可以採用擬人的筆法，使太陽公公張口說話，月亮公主也在一旁幫腔；可以採用對話的筆法，把所有的動物聚在一塊小小的岩石上，七嘴八舌說些只有小孩才能懂得的話語；更可以採用突兀的筆法，乍看之下似乎毫無章法，但其詩篇卻能自然的靈動，自有童詩盎然的趣味在。

但童詩畢竟是童詩，可以啓發，卻不能刻意的限制；可以引導，卻不能有意的規範；否則就無童趣可言，那能叫做童詩？因此不管小孩的詩緒來自何方，不論孩童採用何種筆法，總以童意寫成完足的篇章爲其目的。尤其孩童在不經意中，自然說出片斷精警獨到的話語時，更應以此話語為其主題，瞻前顧後，有技巧的把它引導成一篇可口的作品，才能為人類留下一些未受污染的天籟。今筆者以楊翼琪的「暑假」一詩為例，說明童詩的寫法如下：

## 暑假

楊翼琪

暑假安排在期考之後
真讓人提心吊膽
心裡有如六十個水桶在打水
七上八下的

因為
如果考得好
會受到讚美
因而讚美到暑假結束
如果考不好
會受到責備
因而責備到暑假結束

所以
把漫長的暑假放在期考之後
是對小孩子們
最危險的安排

本詩係以生活作息中的「暑假」爲題，以「把暑假放在期考之後，是對小孩子們，最危險的安排」爲其主意，在自身的遭遇與深刻的體會之後，從期考前的提心吊膽，暑假六十天可能得到的讚美或責備之中立意，直率而又坦白的說出自己想說的話來。主題明確，情境完足，而且饒富童趣，完全沒有大人做作或雕飾的成分，確實是一篇童詩的佳作。

童詩寫作的方法很多，童詩的作者也不必局限在孩童身上，但完成之後的詩篇，卻須具有活潑生動的童趣，否則就是一堆矯揉造作、故示幼稚的作品罷了！

（國文天地149期、民國86年10月）

# 第三十二章　新詩分析的方法

分析同一篇作品，因爲不同的立場、不同的角度、不同的觀點、不同的態度、不同的背景、不同的經驗、不同的認知、不同的擅長、不同的好惡與不同的心情，而可能產生不同的看法與評價。對於詩文，可以採用一套固定的模式，分析所有的作品；也可以依不同的文體、不同的情境而採用各種適當的方法。詩文分析的方法很多，實際從事分析的人也各有主張，甚至以自己的一套批評別人的不是，以自己的想法強迫別人必須接受，這是自我設限、自以爲是而未能多方觀照的結果。

同一篇詩文，從各個角度來分析，都能得出各自的樣子。各種分析的方法，雖然可以看出彼此的差異；但只要能以嚴謹的態度深入的探討，各種方法之間本來就沒有絕對的好與壞。今筆者羅列十二組新詩分析的方法，每組又分兩類以供參考：

**一、題材與體式**：題材來自於外在的觀察，也可能起源於內心的感受；題材是作者執筆前意念的選擇，也是決定詩文成篇之後，格局大小的基礎。體式除了詩文的體裁、作品的格式之外，也包含作者運用技巧，表現在謀篇布局上的形貌。從題材、從體式也是詩文分析重要的方法。如羅任玲鷹：

站在巍巍的山頂等
風，慢慢近了
張開茫然底袖
一個寂寞
飛過

從題材分析：作者以高的山頂與闊的天空做爲背景，以鷹是鷹、鷹也是我的意念立意，以鷹等待與飛翔的心情鮮明意象，以孤獨與不凡對比深刻的意思。從體式分析：作者以鷹的等待與鷹的飛翔、前部詳筆與後部略寫的形式謀篇；以錯落的方法將「風」從「站在巍巍的山頂等」隔開，強化等的意象；以「一個寂寞，飛過」戛然而止，詩止而詩意隨鷹而去的餘波，揚起了全詩更爲悠遠的情境。

**二、時間與空間**：現實是時間，經歷是時間，歷史是時間，未來也是時間；時間可以從橫截面來看，也可以從縱的連繫來談。在時間的流裡，作者可以運用各種手法，表達自己的情志。形象是一度空間，立體是二度空間，歷史是三度空間，冥想是四度空間，心靈是五度空間。好的作品，雖然不必涵蓋五度的空間，但在空間的領域裡，卻有其一定的大小。如吳麗卿雙心石滬：

做爲七美島的一尾魚
絕不誤觸漁人的網罟
只願任由潮汐推移
將自己陷溺在
雙心石滬
爲這最後的
千古浪漫

從時間分析：由從前捕魚的網罟，寫到如今甘願陷在雙心石滬之中；由如今「最後」的浪漫，回溯到「千古浪漫」，時間的長線織起了一張浪漫的魚網。從空間分析：「絕不誤觸漁人的網罟」，一度空間；「將自己陷溺在，雙心石滬」，四度空間；「爲這最後的，千古浪漫」，三度空間。本詩係由三度的空間，串起了心靈濃烈的想望。

**三、結構與內容**：結構就篇而言，是骨架；就段而言，是章法。結構是詩文的主幹，是作品的綱目；結構既定之後，字句才能各就各位。內容是作者想說的話，是作者想表達的情。內容可以小題小作，極力挖掘作品的深度；也可以大題大作，極力擴張作品的廣度。從結構與內容來看詩文，也能看出一番的道理。如周鼎終站：

寂然

解脫於最後的喘息
以一種睡姿
以一種美
以遺忘

從結構分析：將詩的情境、詩最後的結論「寂然」提到詩端，造成突兀的印象；然後說明寂然的原因是「解脫於最後的喘息」；然後再以「以一種睡姿」、「以一種美」、「以遺忘」說明方法，且在「以遺忘」一語省略「一種」二字，使詩在整齊之中，又有了明顯的變化。從內容分析：字意是有限的，詩意卻可以無窮；詩名「終站」，但在詩中卻以睡姿、美與遺忘說明如何解脫，解脫之後的「寂然」如何超越終站之外，使詩名的「終」，在詩意中不但不終，而且詩意在空白的寂靜裡，無垠無涯的蔓延開了。

**四、原理與思想**：詩有一定的法則，才能稱之爲詩；詩有一定的形貌，才能使人認爲是詩。法則與形貌雖然不必一成不變，但卻有其原理可以規範，有其理論可以講述。詩可以抒情，可以議論，也可以記寫眼前的美景。如果抒情，可以分析作者爲何有感有觸的原因；如果議論，可以分析作者想講的是些什麼？如果寫景，可以分析作者爲何有此動機？如此，也能窺知作者表現在文字之外的思想。如向陽立場：

你問我立場，沉默地
我望著天空的飛鳥而拒絕
答腔，在人群中我們一樣
呼吸空氣
喜樂或者哀傷
站著，且在同一塊土地上

不一樣的是眼光，我們
同時目睹馬路兩旁，眾多
腳步來來往往，如果忘掉
不同路向，我會答覆你
人類雙腳所踏，都是故鄉

從原理分析：以「一樣」與「不一樣」對比而成兩章，以「你問我」與「我會答覆你」問答而成情境，以「且在同一塊土地上」與「人類雙腳所踏，都是故鄉」呼應而成主題；詩中的情境完足，主題明確。前章以一樣「呼吸空氣」、「喜樂或者哀傷」的短句，穿插在順敍的長句之中；後章則把可以完整表意的句子切成兩行：「我們，同時目睹馬路兩旁」、

「眾多，腳步來來往往」、「如果忘掉，不同路向」，刻意營造出錯落的印象，頗能符合詩的原理。從思想分析：本詩主題在「人類雙腳所踏，都是故鄉」上，主張人非浮萍，不能長久漂蕩失落；人應落地生根，認同自己所站的土地，省思自己所處的環境，因爲「脫離了土地和人群，詩人的一切身段便成虛矯，木然而無生氣。」（向陽歲月前序）

**五、情節與技巧**：詩因動機而運思構想，因閱歷而心生意念，因感受而布置情節。情節，除了詩的本事之外，也指詩表現在文字之中的情境。技巧則是作者精心的設計，刻意的塑造，或作者行文時自然流露出來的手法。因此技巧有時是有心的，有時卻是不經思索而自然表現出來的文學素養。如劉大白秋晚的江上：

歸巢的鳥兒
儘管是倦了
還馱著斜陽回去

雙翅一翻
把斜陽掉在江上
頭白的蘆葦
也妝成一瞬的紅顏了

從情節分析：以具象的鳥馱著斜陽回去，寫夕陽西下；以鳥倦了翻落斜陽，寫夕陽西沉；以白色的蘆葦染成紅色，寫夕陽的餘暉映在大江之上；詩敍夕陽西下的情形，很有詩意。從技巧分析：將鳥歸巢與夕陽西下兩者「歸」的意念，巧妙的結合起來；將鳥在夕陽的背景之下，向西飛回鳥巢，好像鳥馱著夕陽回家一樣，以形象的手法引導人的視覺；將斜陽落入江中與蘆葦染成紅色，以轉化的手法，點出題目「秋」與「江上」，技巧實在高明。

**六、優點與缺點**：完全沒有優點的詩，當然不用討論；完全沒有缺點的詩，畢竟少數；不管是詩或是文，必有優點與缺點在；分析或批評作品時，最好的方法就是兩者並陳。如果爲了提供學習而只從優點來說，爲了做爲錯誤的示範而僅從缺點來講，也未嘗不可。至於愛之上比雪萊，惡之則貶爲胡謅，則非析評者應有的態度。如李廣田燈下：

望青山而垂淚
可惜已是歲晚了
大漠中有倦行的駱駝
哀咽，空想像潭影而昂首
乃自慰於一壁燈光之溫柔
要求卜於一册古老的卷帙

想有人在遠海的島上
佇立，正仰嘆一天星斗

從優點分析：以歲末爲背景，綴入大漠中的駱駝、案頭的卷帙與人在遠海佇立仰嘆做爲主景，且在背景與主景織結的情境裡，暗示題目「燈下」的冥想。從缺點分析：詩可以跳躍，但跳躍之下的情境必須有跡可循。本詩以互不相干的三件景致，做爲燈下的冥想，似乎有些殘斷。詩可以套用古文的語法，但套用之後必須渾然無跡。本詩以「望青山而垂淚」開端，似乎有些老套；以「乃自慰於一壁燈光之溫柔」轉折，語法雖然錯落，但卻嫌其文得有些拗口。

**七、文格與人格**：每讀其文，想其人德，是人與文結合的情形。分析詩文，從人推求行文的動機與其素養，從文逆溯作者爲文的情緒與情志，才能得到多方的瞭解。但不可否認的，有些詩文不是爲了表情達意，而是爲了表現某種意象或形式；有些作者不是爲了自己而寫作詩文，而是在不得不寫的情形之下完成的。所以從人、從文或從人與文結合的角度分析，都能得出同中有異的結果來。如瓦歷斯・尤幹給你一個名字：

孩子，給你一個名字
你的臍帶，安置在
聖簍內，機胴內

你是母親分出的一塊肉
孩子，給你一個名字
讓你知道雄偉的父親
一如我的名字有你驕傲的祖父
你孩子的名字也將連接你

從文格分析：本詩以父親的口吻，敍父子相承、子孫相繼族群緜延的觀念，並以我以祖父、你以父親為榮，敍其精神緜延的觀念，意念一致，語言剛正。從人格分析：作者是泰雅族人，根據泰雅族的習俗，男嬰的臍帶由父親收藏，放在聖簍之內，期待長大之後能夠成為勇士。泰雅族以「父子連名制」命名，作者名字中的「尤幹」為父氏之名，「瓦歷斯」才是本名；作者的孩子則名為「飛鼠．瓦歷斯」。這是一首以泰雅族人寫成的好詩，處處都能看到祖父的影子，看到父親的影子，並看到兒子長大之後的樣子。

**八、理性與感性**：理性可以清楚詩中的意象，可以明白作者的方向，可以探求象徵的對象；感性則在具體之外想像，在文字之外盤旋，在詩的結束之後才開始感動。分析一首詩，理性與感性都得兼顧，否則思想將有冷漠與陷溺的可能。如萬志為破靜：

小屋

坐著
小路
躺著
小小的人
走著
風聲也聽不到
更何況落葉

直到一縷炊煙，嫋嫋娜娜
刀樣升起

從理性分析：首章三景以聽不到風聲寫靜，次章以炊煙破靜，構思巧妙。又，炊煙以「刀樣升起」，則是煙的形狀，是具象的描寫。從感性分析：「小屋」、「小路」、「小小的人」三句，都以「小」字襯托靜輕盈的氣氛；以聽覺「風聲也聽不到」襯托視覺「小屋」、「小路」、「小小的人」寫靜，視、聽不同類卻相融，不用感性很難理解。又，炊煙如「刀樣升起」，既寫形狀，又敍孤獨；既寫畫破寂靜，又敍悲愴之情，詩意盡而不盡。

**九、整體與關鍵**：詩從整體分析，必須解剖個個環節，必須注意前後照應，必須審視情境是否完足。如從關鍵處來分析，則就詩中精警的立意、巧妙的手法，或點明全詩題旨的字句，深入的探討即可，不必照顧到所有的文字。整體分析的涵蓋面較廣，關鍵分析的研究點則較深，兩者各有各的特色，各有各適用的情形。如焦桐擦肩而過：

關掉這兩扇沉重的門
我哄抱一群喧嘩的心事
依戀地回到混凝土的身軀

今天又有二十萬人和我擦肩而過

插滿碎玻璃的圍牆太高
一個人在思維裡散步
不得其門而入

從整體分析：首章敍心中煩躁而又慣性自我禁錮的情形；次章敍人與人之間的冷漠，拉大了禁錮自己的情形；三章則敍現實既已禁錮，如今連心靈也在不自知覺中禁錮了起來。本詩從現實寫到心靈，從慣性寫到無奈，從獨處寫到擦肩而過；主題愈寫愈明，孤獨的氣氛也愈來愈深。從關鍵分析：「依戀地回到混凝土的身軀」句，以「依戀」極寫心裡不願，卻又依從慣性無奈的心情。「今天又有二十萬人和我擦肩而過」句，以「又」字極寫每天如此；以「二十萬」極寫其多；以「和我擦肩而過」極寫浮沉人世、無所歸依的感慨。「一個人在思維裡散步，不得其門而入」句，極寫因受現實的影響，使思想也在無形之中自我禁錮了。

**十、廣度與深度**：廣度係就作品的涵蓋層面而言；作品的內容愈多樣、愈豐贍、愈有張力，廣度也就愈寬。深度係就作品的深刻程度而言；作品愈轉折、愈探索、愈有意趣，深度也就愈進。以廣度與深度解詩，也能解出不同的風采。如林彧名片：

一個歡宴後的雨夜，我
整理著各式各樣的名片
並且輕輕唸出那短詩般的名字

突然，我忘了他們的
臉孔、聲音、衣著以及
交出、取回名片的理由

他們知道我是誰嗎
在這裡，在那裡，我聽到

從廣度分析：以整理名片時，名與人無法相繫連，而省思拿我名片的人，也將會有如此的感覺，也將把我的名片撕裂。全詩以「名片」為題，敍寫人人競遞名片，盼能得人奧援，而攀爬成功的窄梯；但因名片的取與遞者只是客套，所以表面上的熱絡，正是人與人間冷漠的結果。本詩從名片敍及人的相處，從人的相處敍及社會的現狀，這是詩的廣度。從深度分析：沒有緣由的取遞名片，只因人際已經疏離，這是以小喻大；因為疏離，所以歡宴盡是虛假，這是設身處境；因為虛假，所以名片任意撕裂，這是以物說理；因為撕裂，所以社會沒有溫情，這是刻畫現實。本詩從名片深入人心，從人心揣測人性，從人性得到切身的省思，這是詩的深度。

**十一、意象與排列**：詩必須有意象，才能稱之為詩；但詩的意象可以一目瞭然，可以隱約暗示，也可以表現在文字之外。詩的排列，通常係依詩的意思而來；但有時為了製造特殊的效果，所以故意截斷字句，刻意跳脫次序，甚至在詩意之外只做象徵性的形狀組合。意象與排列在新詩的解讀上，也有它一定的功能。如林亨泰風景：

防風林、的
外邊　還有
防風林　的

外邊　還有
防風林　的
外邊　還有
然而海　以及波的羅列
然而海　以及波的羅列

從意象分析：首章連以防風林的外邊還有防風林，極寫空間的無限寬廣；次章連以海以及波的羅列，極寫海的廣闊與波波相湧數大的美。意象在文字之外，詩意卻在人的想像之中。從排列分析：以兩章重覆的字句排列，形成整齊而又反覆的體式，使詩在重疊的空間裡無限的伸展，是詩，是畫，也是用思想來看的風景。尤其兩章末句各以「還有」、「然而海、以及波的羅列」收束，粗覽之下，似乎尚未完足；仔細想想，原來詩境已經擺在我們的眼前了。

**十二、辭采與節奏**：詩的意思可以直接鋪寫，可以用其他的情事象徵，也可以採用譬喻的手法。詩的字句，可以轉化，可以排比，也可以錯綜。只要靈動，只要不俗，就是好詩。詩的聲調，可以輕柔，可以強烈，可以震耳欲聾；詩的音節，可以短截，可以突兀，也可以舒緩；只要吻合情境，只要襯出意趣，就是好詩。辭采可以多變，節奏卻須配合詩意，這是詩的要求。如張默寒枝：

眺望灰褐褐的遠方
自己的心事彷彿比秤鉈還沉重
無意間伸出尖尖細細乾乾的手指
突然把西北角的天空
戳了一個大洞

從辭采分析：以疊字「灰褐褐」描寫天的顏色，並象徵自己的心事；以「戳了一個大洞」象徵打破沉重的心事，望見晴藍的天空；「戳」字不但生動，而且具體。從節奏分析：以舒緩的長句「自己的心事彷彿比秤鉈還沉重」極寫心事重重；以「無意間伸出尖尖細細乾乾的手指」極寫寒枝的細長。尤以「尖尖細細乾乾」六字疊在一起，表達三種形象，更把寒枝刻畫得淋漓盡致。最後以「戳了一個大洞」頓時收束，節奏明快，與詩前舒緩的長句，恰成鮮明的對比。

詩，人人能寫，但寫出來的不一定是詩；詩，人人能解，但解出來的也不一定是作者原來的意思；雖然不一定是作者原來的意思，卻已提供另一個思考的空間，伸出另一片觸角的天空。詩意可以多解，詩才能具有多樣的美感，才能脫離原來的作者，而成為人間表抒情感的聲音。因此凡是能夠解詩的方法，我們都可以採用，甚至應該多做嘗試，只要我們真的喜歡詩！

（孔孟月刊436期、民國87年12月）

# 第三十三章　新詩析評的方法

探討思想背景，以闡明作者爲文的動機；標示全文線眼，以點出整體詩文的主題；詳列各部綱領，以建立通篇綿密的架構。綱領之下，首先疏解章法，然後深入鑑賞詩意，務求深刻而又周延。詩文分析之後，再做深入的專題研究，期與前面的分析部分互爲表裡。最後畫出詩文的分析圖表，使讀者在文字敍議之後，能從簡明的圖表中再次回憶、再次組織思緒，進而掌握全篇詩文的個個環節，正是本套分析方法與眾不同之處。今筆者謹以鄭愁予的錯誤（請參閱本書一七二頁）一詩爲例，分敍一套新詩分析的方法如下：

一、**背景分析**：詩文寫成之後，馬上成爲一篇獨立自足的文學作品，馬上可以呈現意趣以供讀者欣賞。但在詩文寫好之前，卻是作者抒情寫景或記載心路歷程的時候。所以僅從詩文來談論詩文，而忽略了其人其詩的思想與背景，似乎有所不足。爲了瞭解作者行文眞正的動機，爲了上窺該篇詩文時代的背景，更爲了徹底得知作品眞正的內涵，所以在詩文分析之前，須先交代作品的時代背景，作者行文時的心境，或該類詩體今昔不同的寫法。如從「錯誤」的詩體論及閨怨詩的作法，做爲全詩分析之前的引言，筆者試析如下：

歷來閨怨之詩，有因己身遭遇而自述者，有假借其人而以你、我、他鋪陳者，有藉他人口吻設身處地而代爲抒情者；方式不一，但均以思婦爲主，或濃烈、或輕淡以敍其相思的情愁則盡相同。

閨怨之詩，因敍主觀的情感，所以用筆太顯則失之低俗，太隱則難知其意；太濃則含有怨氣，太淡則難以抒情。也許通篇白描，但白描須以客觀普遍的筆觸敍寫，否則可能淪爲自我呻吟；也許通篇象徵，但象徵須含鮮明的意象，否則可能使人不知所云；也許間用比擬，但比擬必須恰如其分，否則可能失之輕佻淺薄；也許間用雙關，但雙關必須切合題意，否則可能陷入五里霧中。如何表抒情感？如何遣詞造句？正是閨怨詩成敗與否的關鍵。

**二、詩眼分析**：線眼即針孔；絲縷再多，如果不經針孔，必然無法縫製衣服；文字再多，如果不以線眼織綜，則必不能組成佳構。文章的線眼是文眼，詩歌的線眼是詩眼；線眼是詩文的樞紐，是作品的主題；寫詩時必須首先確立主題，做爲下文鋪敍的張本；同樣的，分析作品也須找出全詩的主題字眼──詩眼，通篇的分析才能順利的展開。如以「錯誤」爲例，筆者試析如下：

錯誤一詩，以過客的「我」與思婦的「你」彼此穿梭，以設身處地的寫法揣摩思婦的心境，並以含蓄而又具體的筆法，細膩刻畫思婦愁傷欲吐的情懷，頗能叫人心動憐惜。本詩係以「歸」字爲詩眼，以「客」字脈貫其中；全詩在「歸」與「客」的交互織綜之下，寫出了這篇詩意盎然的作品。

**三、綱領分析**：以文學理論爲基礎，從客觀、從科學的立場上，打破段落原有的界限，擺脫文意主觀的束縛，純從詩文的組織架構上提綱挈領，使全篇文字在整體架構的分析之下，得以看到作品的章法紋理，與作者使用的筆法。如以「錯誤」爲例，筆者試析如下：

本詩係由情境與本事兩部組成；本事是詩的主體，又有主景與外景之分。情境將作者偶然的經過，與思婦長期的等待兩者，巧妙的結合在一起，藉以拉開全詩的序幕。主景則將焦點對準思婦，純從思婦的情愁抒陳。至於外景，則以過客爲主，敍其不是良人、而是過客美麗的錯誤。

**四、章節分析**：整體的綱領架構分析之後，可以從詩端開始，各就各個綱領，做逐字逐句的分析了。每一小節，先提章法，次敍詩意；使每個字句在全篇詩文之中，都有它適切的位置；每個語句所包含的意思、辭法，都能深刻、合理的詮釋出來。如以「錯誤」爲例，筆者試將情境與主景兩部分析如下：

本詩計分三大部分：

一、情境：將作者與思婦兩相結合，藉以拉開全詩的序幕，並明示「錯誤」的由來與寫作的動機（章法）。

㈠過客：「我打江南走過」：明示作者所經之地與思婦所住之處；但從詩意上

看，江南只是一個象徵性的地名，並不專指某一個地方（文義）。

㈡思婦：「那等在季節裡的容顏」：在長時間裡等待的思婦，意指思婦每天不停的等待。因爲「季節」比「時間」具體，所以意象比較鮮明；因爲「季節」比「日子」長，所以清楚表達出思婦已經等了好幾個季節，已經等了好久、好久了（文義）。

「如蓮花的開落」：收束情境一節（章法）。思婦青春的年華，因爲一季一季的等待，所以美麗的容顏已經隨著時間的消逝，而逐漸的凋損了。以「蓮花」的開與落，形容思婦的等與衰，頗爲具體（文義）。

「我打江南走過」，本來只是一件不經意的事情，但與思婦的意念刻意結合之後，情境反而成爲全詩主要的場景。

二、主景：純從閨婦思歸的情愁抒陳，並以前後兩節意念、手法相近的方式敍寫，頗能深入刻畫閨婦的思愁（章法）。

㈠敍一：先敍「思」的原因，然後巧其筆法盡情的鋪陳（章法）。

1. 原因：「東風不來」：「東風」，借指良人（文義）。

2. 處境：「三月的柳絮不飛」：「柳絮」，借指思婦（文義）。

東風不吹，春天三月裡的柳絮無法乘風飛舞。以「東風」比良人，以「柳絮」比思婦；良人不歸，思婦的心情無由舒展；猶如東風不來，柳絮無法乘風飛舞一般。

「你底心如小小的寂寞的城」：收束敍一此一小節（章法）。因爲良人未歸，思婦緊閉其心；緊閉的心如同一座小小的城堡，城堡中除了鎖著對良人的繫念之外，別無他物；所以心中只有寂寞，只有思念（文義）。

「恰如青石的街道向晚」：補敍上節文字，逼使「寂寞」更進一層（章法）。思婦閉起窗扉，心中一片靜悄與寂寞，有如黃昏時候青石的街道，空無一物；只有斜暉不知人愁，仍然照在空蕩蕩的街上，憑添了幾許的冷清（文義）。

㈡敍二：反覆上一小節，並採用相近的筆法敍寫（章法）。

1.原因：「跫音不響」：以「跫音」具體描寫良人是否歸來，不但可使「歸」的意念更爲清楚，而且也使「歸」的動作更爲具體（文義）。

2.處境：「三月的春帷不揭」：「春帷不揭」，一來暗示其心貞定，永不移易；二來表示其心愁傷，無法寬解（文義）。

靜聽良人歸來的腳步聲，但卻始終不曾響起；三月的春天雖然已經到了，可是良人還沒回來，所以思婦的窗帷仍然緊緊的閉著。

「你底心是小小的窗扉緊掩」：收束敍二此一小節（章法）。直承上文的「春帷不揭」，更進一層敍其「窗扉緊掩」，頗有良人未歸，所以不但「不揭」，而且更將窗扉「緊掩」，我心永遠貞定的意思（文義）。

「窗扉緊掩」，既指抽象的心，又指實際的窗，一語雙關。

**五、關鍵分析**：在分敍章法、闡發詩義的過程中，也許會遇到筆法特殊的章節，或含意深刻的關鍵字句；如果不能馬上疏解，不把意思說得淸楚，可能會使分析難以繼續的進行。但在進行分析時，插進深入探討的文字，則須把間入的文字，渾然融於分析之中，不能因爲間入此一小節，而割裂了正在進行的分析文字。如以「錯誤」爲例，筆者試將主景前後兩節的章法，分析如下：

本章前後兩節的意念與筆法，雖然相近，但卻頗含層遞的意趣：

1.「東風不來」與「跫音不響」，均指良人未歸；但「東風」屬於自然的現象，「跫音」則直接以走路的腳步聲替代歸人，所以意象具體而又細膩。

2.「三月的柳絮不飛」與「三月的春帷不揭」，均指思婦的心情無由排遣；但「柳絮」屬於自然的景物，「春帷」則以眺望歸人的眼睛，直陳思婦不移的信念，所以情感濃烈而又含蓄。

3.「你底心如小小的寂寞的城」與「你底心是小小的窗扉緊掩」，均指良人未歸，思婦的內心寂寥。但「寂寞的城」是空泛的，「小小的窗扉」是局限的；空泛的「寂寞的城」，含意不如局限的「小小的窗扉」來得深刻。而且「小小的窗扉」係直承上文「三月的春帷」而來，所以意象比信手比喻的「小小的寂寞的城」更爲具體。

4.「恰如青石的街道向晚」，只在前節出現，後節並無相應的字句，因此可以視爲上文「你底心如小小的寂寞的城」的補敍，也可以當做整章詩意的小結。

**六、收束分析**：好的詩文，不但能開，而且能合；不但整篇詩文有開合，就是一段、甚至一節的文字，也必須能開能合。能開而不能合，可能陷入自我呻吟、下筆不能自休的境地。但詩文的合—收束，必須合在全詩、各章或各節的完足意境上，合在上下文字相互的照應裡。分析詩文如能掌握合的原則，分析出來的文字必然周延。如以「錯誤」爲例，筆者試以外景爲例，收束全詩如下：

三、外景：以「過客」爲主線鋪敍成文，呼應首章「我打江南走過」，敍走過的情形與走過的餘波。

㈠情境：「我達達的馬蹄是美麗的錯誤」：「錯誤」，係指思婦將過客誤爲良人；美麗的錯誤，係指雖把過客誤爲良人，但在錯誤之中，卻有一分期待已久的喜悅。思婦在千盼萬盼時，終於聽到一陣馬蹄的聲音；思婦以爲良人已經回來了，心中不由一陣狂喜；但待仔細的分辨，原來不是良人，而是過客；雖然不是良人，但卻曾有誤以爲良人短暫的喜悅，所以說是「美麗的錯誤」。

㈡主題：「我不是歸人，是個過客」：明示主題，回應題文「錯誤」二字，並總結了全詩。

本詩首先交代情境，其次著墨於思婦的描寫，直到詩末方才明示主意，在詩文的作法上，屬於畫龍點睛一類。

**七、專題研究**：或論章法，或講義理；凡是好的作品，每篇詩文都有與眾不同之處；針對此一特殊的專題，做深入詳盡的探究，使每篇作品的特色，都能完全的突顯出來；使每篇分析都能由廣度的鑑賞，寫到深度的章法義理研究，正是本套分析方法眞正的用意。如以「錯誤」爲例，可以「具象」爲題，寫出一篇專題研究：

因爲含蓄不露，所以詩文的餘韻可以無窮；因爲盡而不盡，所以覽閱之後，可以低回不已。但含蓄的詩文，意象必須具體；不盡的作品，表意必須明確；否則含蓄反而成爲隱晦，不盡反而使人不知所云。

不管是隱、是藏，意念必須求其鮮明，意象必須清晰可辨，才能表達作者由衷的情志，才能感動讀者內在的心靈。具象——以具體的情事表抒詩文的意象，正是清晰表意重要的方法。如就本詩加以分析，可以歸出下列五種具象的寫法：

**㈠抽象具象**：把抽象的描寫，落實到具體的事物上，藉可感可觸的具體事物，表達無法捉摸的意念，叫做抽象的具象化。如本詩：

「那等在季節裡的容顏」句，時間本來不可捉摸，但作者卻以「季節」借指時間；雖然「季節」也屬於抽象的意念。但「季節」至少可以分辨春、夏、秋、冬，已較時間來得具體多了。

㈡**泛象具象**：如果情事沒有一定的範圍，或事物的表裡不止一端，無法悉數羅列在字裡行間，此時可以選擇一個焦點，或較具代表性者具體的鋪述，也可以達到具象的效果。如本詩：

「我打江南走過」，「江南」不必真有其地；「江南走過」不必真的親臨其地；但「江南」一詞，卻使全詩的意象穩定了下來。

㈢**譬喻具象**：抽象的情志，有時很難敍寫清楚；惟有採用譬喻的筆法，以具體的事物比喻抽象的意念，才能明確表達出全文的主題。如本詩：

「你底心如小小的寂寞的城」句，心閉如城，心內如寂，意象頗爲鮮明。

㈣**象徵具象**：以類似而又相關的聯想鋪陳情事，筆法雖然間接，但在間接之中，卻因相近的特質與相關的聯想，而把意念具象化了。如本詩：

「東風不來，三月的柳絮不飛」一節，「東風」雖指春風，但也象徵思婦心中的良人；「三月」雖指春天，但更象徵思婦的年華與心情。

㈤**雙關具象**：以一個語句或一節文字，敍寫兩種以上的意思，叫做雙關。雙關因爲採用同音、同字，甚至同類的事物聯繫主題，所以雙關之後的字句不但具體，而且靈動。如本詩：

「跫音不響，三月的春帷不揭」一節，「春帷不揭」一表心情無從排遣，一表女心貞定如石，意象具體，生動可感。

以具體的情事表達詩文的意象，必須注意兩者之間是否類似？是否相關？是否足以引起讀者的聯想？否則你是你，我是我，覽閱之後讀者無法聯繫兩者的關係，那能得知作者所想表達的，到底是些什麼？

**八、詩文分析表**：一般的詩文分析圖表，都只能開而不能合，只能放而不能收。本套分析方法則以詩眼爲主，分列綱領與細目，配合理論架構，把全篇詩文逐字逐句填入圖表之中。每節必有收束，每段必有小結，詩文結束時必有總收；整篇作品恰好呈現「首尾圓合」、前後一體的圓形圖狀。如以「錯誤」爲例，筆者試將全詩畫成如下頁的圖表。

本文分析的方法，可以視爲一套分析的程式；任何詩文一放進這套程式裡，馬上就能依其結構，分出各部的綱領與細目。但本套方法卻是靈活而富於變化的，所以不同的詩文，分析出來的結果必然不同；儘管不同，但全篇詩文大至綱領的結構、小至字句的詮釋，卻都能在本套方法之中，盡情的發揮出來。

（教育部高中教育第五期、一九九九年四月）

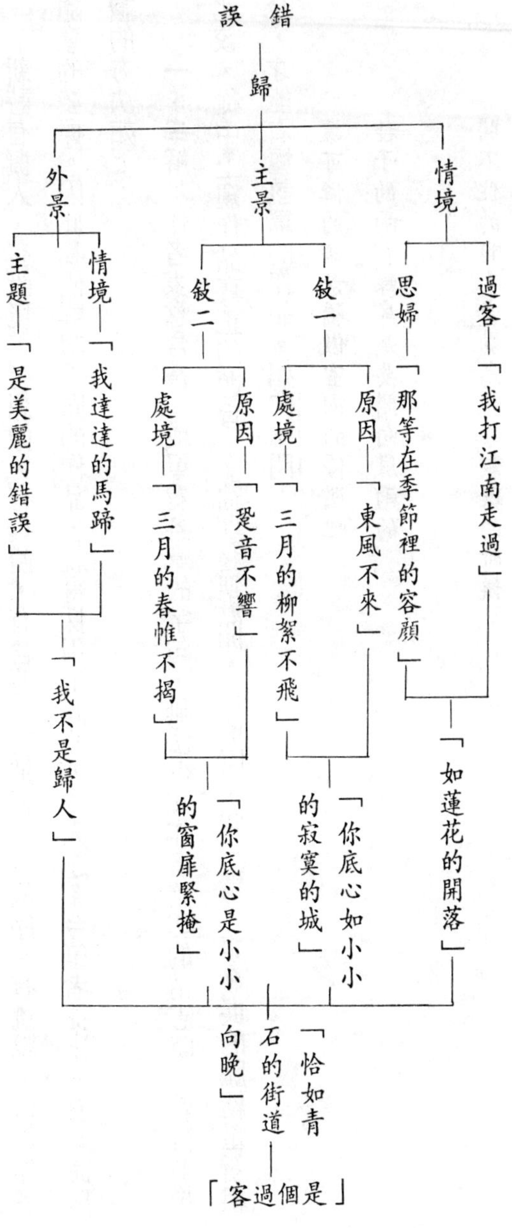
錯誤
歸
情境
過客
「我打江南走過」
思婦
「那等在季節裡的容顏」
「如蓮花的開落」
主景
敘一
原因
「東風不來」
處境
「三月的柳絮不飛」
「你底心如小小的寂寞的城」
敘二
原因
「跫音不響」
處境
「三月的春帷不揭」
「你底心是小小的窗扉緊掩」
外景
情境
「我達達的馬蹄」
主題
「是美麗的錯誤」
「我不是歸人」
「恰如青石的街道向晚」
「是個過客」

# 第三十四章　新詩解讀的方法

新詩雖以語體文創作，以時下的語言撰寫而成；但因爲新詩也是詩，也有特殊的謀篇方法與不同的表達技巧，也須透過文學的形式，才能瞭解作品的意涵，所以表面人人都懂的詩，實際上卻有深入體會、深刻解讀的必要了。

新詩有擬人、有設境，有想像、有具體，有含蓄、有鋪張，有依序、有跳脫，可任作者隨意的發揮。因此我們解讀不同的作品，就得採用不同的方法入題。今筆者提出一套新詩解讀的方法如下：

一、**串解**：作者表意含蓄，或單看各章的字句，無法得知作者確切的情志時，就得前後比較，從中上窺作品真正的題旨；或把詩篇拆開，按照時、空、情、事發展的脈絡重新組合，才能看懂該篇的作品。如向明門：

讓可憐的盆景驕傲室內的優遇吧
種子的兩頁綠扉是要開向風雨的
關不住的啊！當歌鳥輕啄銅環的時候

關不住的啊！當春雷吆喝起程的時候

首句敍寫盆景關在室內，但因關在室內才能順利成長，可憐而又值得驕傲的情形，只就盆景發芽的過程客觀敍述；次章筆鋒一轉，純就生命必須迎向朝陽、必須迎向自然，以排比的方法加強相同的主題。前後兩章表達的意思似乎有些距離，但如以串解的方式閱讀，則知作者真正的意思是：種子在溫室發芽之後，必須移到室外，才能回到自然的懷抱，才能展現生命的活力。

**二、還原**：以譬喻、象徵等辭法描寫事物，須從譬喻、象徵的喻體回到主體之上；以影射、誇飾的手法敷陳，須從影射或誇飾的字句逆溯全詩的主題。所謂還原，是指拆去文字的外表，找回全詩的題旨；然後以此題旨解讀作品，才能看到作品的本意。如馮至〈蛇〉：

我的寂寞是一條長蛇
靜靜地沒有言語
你萬一夢到它時
千萬啊！不要悚懼

祂是我忠誠的侶伴
心裡害著熱烈的鄉思

牠想那茂密的草原——
你頭上的、濃鬱的烏絲

牠月影一般輕輕地
從你那兒輕輕走過
牠把你的夢境銜了來
像一只緋紅的花朵

蛇是作者的寂寞，鄉思是作者的相思，把姑娘的夢銜來，就是把姑娘的心偷來。全詩係以象徵的筆法，描寫自己深濃的相思之意；惟有拆去文字的外表，找回全詩的主題，才能解讀該篇的作品。

**三、想像**：也許詩的文字短截，盡而不盡，須靠讀者循線想像，才能看到遠在八荒之表的意象；也許作者有所顧忌，未能明白提示，讀者須從既有的字句探索，才能瞭解作品所想表達的意思。想像，須以作品寓含的線索為其基點，往外延伸，並非毫無根據的胡思亂想。

如非馬蛇：

出了伊甸園
再直的路

也走得曲折蜿蜒
艱難痛苦
偶爾也會停下來
昂首
對著無止無盡的救贖之路
嗤嗤
吐幾下舌頭

表面寫蛇，實際上卻是寫人；蛇走出伊甸園，是人走進了社會。「再直的路，也走得曲折蜿蜒」，既寫蛇行的樣子，也寫蛇被逐出伊甸園的情形；人走進社會之後，滿路坎坷，即使路面筆直，仍有無數的坑洞橫在眼前。「對著無止無盡的救贖之路，嗤嗤，吐幾下舌頭」，好像在寫蛇的無奈，其實卻是人浮於世無窮無盡的嘆息。從蛇的處境，想像人無法逃脫的宿命，本詩才能看得清楚。

**四、落實**：以聯想敍寫的詩篇，必須沿著聯想的事物，返回作者思考的原點；以幻想敍寫的作品，須將幻想具體落實在作者創作的主題之上。因爲唯有剪去環繞主題或從主題幻化出去的枝葉，才能看到詩作的主幹題旨。如吳錫和窗：

思想的弓拉動時間的小提琴
韋瓦第的四季
明媚了我窗前的風景

以聯想的筆觸，敘寫聽到韋瓦第的「四季」小提琴協奏曲，好像看到窗前明媚的風景成篇，將聽覺的感受轉化成視覺的風景，如果不能把聯想的字句，具體落實在主題之上，就無法瞭解作者究竟寫的是些什麼。

**五、褪減**：有些新詩，喜歡用冗長或重複的字句，敘寫單純或單一的意念，藉以表現文字驅遣的能力，或玩玩文字的遊戲。面對這些作品，須把多加的外衣褪下，須把多餘的字句刪除，才能看到作品真正的原貌。如秀陶雪：

下雪天最大的壞處是所有的朋友都顯得更其遙遠了，其他的也都還在其次

下雪天最大的好處是深深的一步一個處女，一步一個歷史，過癮透了，其他的也都還在其次

最美的是紛紛然正下的時候，而且還有來了來了的那種熱鬧感，最醜的是下停了幾天之後，到處黑不黑白不白的如五十歲的頭顱，這醜頭也都還在其次，只是那一種清冷

教人受不了

因爲下雪常有的場景，並不特殊，因此作者故意採用繁複冗長的字句描寫，使平凡的景從特殊的字句裡，擠出一點詩意。身爲讀者的我們，必須褪減繁複的外表以見主題，才能再次欣賞這些具有特殊效果的字與句。

如以林泠造訪一詩爲例，以口語講解的方式、運用上述五法解讀詩意，可將本詩改寫成詩樣的散文：

## 造訪

林泠

你不必驚異
昔日的遊伴，將十年的冷漠
在你家的門環下搖落

倘若時間是誓約，我已撕毀了
時間的記錄，那遠遠攜來的一身塵土
已爲這小城的風沙拂盡

## 語　解

你不必感到驚訝
我是你從前的遊伴，今天突然前來拜訪，已將乖隔十年、互不聞問的冷漠
在舉起手來輕敲你家大門的門環時，一掃而空

如果必須相離多久的時間、相離時彼此約定的諾言，是我們再相聚的誓約，我已經
因長時間乖隔而形成誤會、冷漠記錄般的記憶，那從遠方不辭勞苦前來此地，滿身
把它撕毀了

已被這小城溫情如你的風沙，吹拂淨盡了
沾染的塵土

因爲新詩是詩；詩有詩的語言，我們必須瞭解這些詩的語言，才能看到詩的題旨，才能從文字上溯作者創作時的心靈。

（孔孟月刊457期，民國89年9月）

# 第三十五章　新詩的意念批評

意念，有時只是一個約略的概念，有時只是一個簡單的想法，有時則是一、兩個字組合而成的語詞。因此徒有意念，不足以成篇；惟有把單純的意念充實，把抽象的想法具體落實在紙面之上，才能叫做作品。

意念的鋪展，雖然可以依各人的喜好、各自的素養極力的馳騁；但在拓寫意念的同時，卻須注意表達在字句之間的詩文，意象是否鮮明，情境是否完足；否則一路衍展、一味牽扯的結果，可能會使作品偏題、離題而不知所云，而千篇一律。今筆者將新詩意念可能牽扯的情形，略敘四種如下：

一、**定點牽扯**：不管任何時空引起的動機，不管任何事物觸發的意念，不論採用何種筆法或文體，寫來寫去，總是寫出相同的想法，寓含相似的主題，叫做定點牽扯。如余光中敲打樂與白玉苦瓜：

總是幻想遠處
有一座驕傲的塔
總是幻想

至少有一座未倒下
至少五嶽還頂住中國的天
夢魘因驚呼而驚醒
四周是一個更大的夢魘

雖以「敲打樂」爲題，寫的卻是他個人的鄉愁。

茫茫九州只縮成一張輿圖
小時候不知將它疊起
一任攤開那無窮無盡
碩大似記憶母親，她的胸脯
你便向那片肥沃匍匐
用蒂用根索她的恩液
苦心的悲慈苦苦哺出
不幸呢還是大幸這嬰孩
鍾整個大陸的愛在一隻苦瓜
皮靴踩過，馬蹄踩過
重噸戰車的履帶踩過

一絲傷痕也不曾留下

雖以「白玉苦瓜」爲題，寓含的也是他對自己故鄉的懷念。

如果常以定點牽扯的方式鋪寫意念，再多的作品也只能表達一個相同的情思罷了。

**二、隨意牽扯**：以某一意念爲其基點，不斷的延伸，不停的推衍，使原來單純的意念，經過極度鋪展之後完成的作品，不但頭緒紛繁，主題不明，而且連全詩的意象也費人猜疑，叫做隨意牽扯。如余光中碧潭：

八點半。吊橋還未醒
暑假剛開始，夏正年輕
大二女生的笑聲，在水上飛
飛來蜻蜓，飛去蜻蜓

飛來你。如果你棲在我船尾
這小舟該多輕
這雙槳該憶起
誰是西施，誰是范蠡

那就划去太湖，划去洞庭
聽唐朝的猿啼
划去潺潺的天河
看你濯髮，在神話裡

就是覆舟，也是美麗的交通失事了
你在彼岸織你的錦
我在此岸弄我的笛
從上個七夕，到下個七夕

題目是碧潭，題意是載不動，許多愁，可是詩句卻從眼前寫到戰國，寫到唐時，寫到神話之中；從碧潭寫到太湖、洞庭，寫到天上的銀河；也許有人認為這樣才叫做思想高曠，我卻認為已經扯得太遠了。

**三、勉強牽扯**：也許心中曾有某一意念，而且也以此一意念為其基點鋪展成詩，但詩卻與做為詩文主題的意念不能相合；也許以詩表達某一情境，詩的意思也能自我完足，但詩卻與其主題、與其詩題有些距離，叫做勉強牽扯。如冰心用「春水」做為意念、做為題目的詩：

嬰兒

在他顫動的啼聲中

有無限神祕的言語

從最初的靈魂裡帶來

要告訴世界

把嬰兒比喻成春水，雖然可以聯想，但卻覺得有些遠了。

**四、無關牽扯**：以幾個迥然不同的意念，或各異其趣的想法，拓展而成詩文，叫做無關牽扯。無關牽扯的意念與意念、主題與主題之間並不相干，與其說是作品，不如把它視爲遊戲。所以林燿德路牌：

紅燈

愛國東路

限速四十公里

黃燈

民族西路

晨六時以後夜九時以前禁止左轉

綠燈

中山北路
禁按喇叭
紅燈
建國南路
施工中請繞道行駛
黃燈
羅斯福路五段
讓
綠燈
民權東路
內環車先行
紅燈
北平路
單行道

雖然含有嘲弄的意味，但就文學的觀點看來，卻是不折不扣的文字遊戲。
意念，可能只是創作的動機，也可能就是詩的主題。是動機，可以多方的構想；是主題，就得合理的推衍了。因爲太遠、太泛的牽扯，將使作品淪爲遊戲，而非創作！

（孔孟月刊466期，民國90年6月）

# 第三十六章　新詩的意象批評

民國以後，主導文學的兩大支柱—新詩與語體散文，悍然的在結實的古文基礎上，萌芽、扎根，並茁壯而成沛然莫之能禦的文學主流。在今天，不但日常起居、言談思考用的是語體；就是從事文學創作，也全是語體文的天下了；「大象轉四時，功成者自去」的古文，在功成身退之後，又綻放了語體文學燦爛的光芒。

語體文字，因與日常言談較爲接近，所以讀者在鑑賞、析評上，較能輕易的分辨好壞。至於新詩方面，不但了無格律可循，而且字句諸多變化，不像散文來得自然、順暢，所以讀者在捧讀覽閱的時候，往往較難體會個中的究竟。筆者有鑑於此，謹以個人管見提出一套可供新詩析評的方法，也許對於新詩的賞玩，能夠有些幫助：

一、**忠實批評**：惟有揮灑滿腔的才學，散發生命光熱的詩人，才能緊抱讀者的心懷，譜出眞正感人的樂章。惟有老老實實的吐訴衷曲，誠誠懇懇道出心聲的詩人，才能撼起廣泛的共鳴，而寫就篇篇不朽的作品。忠於自己，毫不做作，正是撰寫佳作不二的法門。尤其是簡易的語體新詩，因爲文字明晰易懂；如果本無其情而勉強賦寫新詞，可能只會招來吟風弄月或無病呻吟的譏評，徒然落人笑柄而已。如吳勝雄負荷：

下班之後，便是黃昏了。偶爾也望一望絢麗的晚霞，卻不再逗留。因爲你們仰望阿爸時的小臉，透露更多的期待。

加班之後，便是深夜了。偶爾也望一望燦爛的星空，卻不再沉迷。因爲你們熟睡時的小臉，比星空更迷人。

阿爸每日每日地上下班，有如自你們手中使勁拋出的陀螺，繞著你們轉呀轉；將阿爸激越的豪情，逐一轉爲綿長而細密的柔情。

就像阿公和阿媽，爲阿爸織就了一生、綿長而細密的呵護。孩子呀，阿爸也沒有任何怨言。只因這是生命中、最沉重、也是最甜蜜的負荷。

作者以最眞摯的語言，道出心中對於幼子無限的愛意；用最落實的筆法，寫出永不怨悔的親情；詩末更以主題字眼「只因這是生命中、最沉重、也是最甜蜜的負荷」句，把全詩推到生命昇華的最高點。

**二、建構批評**：鬆緊適度、配合情境的音節，裁磨得法、表達作者深意的辭采，措置合宜、恰如其分的字句，正是新詩建構不可或缺的因子。音樂、繪畫、建築三美兼具，才能織就一首美好的詩篇。尤其在語體新詩標奇競怪的今天，雖然招數、作法層出不窮，但是凡屬好的作品，似乎必須同時具備這三大要素。如楊喚夏夜：

蝴蝶和蜜蜂帶著花朵的蜜糖回家了，羊隊和牛群告別了田野回家了，火紅的太陽也滾著火輪回家了，當街燈亮起來向村莊道過晚安，夜就輕輕地來了。來了！來了！從山坡上輕輕地爬下來了。來了！來了！從椰子樹梢上輕輕地爬下來了。撒了滿天的珍珠和一個又圓又白的玉盤。

朦朧裡，山巒靜靜地睡了！朦朧裡，田野靜靜地睡了！只有窗外瓜架上的南瓜還醒著，伸長了藤蔓輕輕地往屋頂上爬。只有綠色的小河還醒著，低聲歌唱著溜過彎彎的小橋。只有風還醒著，從竹林裡跑出來，跟著提燈的螢火蟲，在美麗的夏夜裡愉快地旅行。

本詩前部反覆以「來了」、「回家了」描寫傍晚生動的情景，並帶給讀者輕快、明晰的節奏。後部以「睡了」、「醒著」參差間入動與靜景，突顯夜晚恬謐與生氣雜揉而成的和諧。全詩用字清新、氣氛輕盈，辭句富於色彩的美，使讀者除了可以眞切聆聽傍晚回家的步伐聲外，更能夠看到一幕幕展現在眼前美麗的畫幅。

**三、鮮明批評**：隱而不晦，才能含蓄最多的意思，才能避免艱澀難懂的情形；白而不俗，才能表達高雅的情操，才能避免庸俗低劣的批評。新詩須在隱微中蘊含高遠的深意，在淺白裡抒陳優雅的情操，使隱、白均能各得其宜，使人人皆懂的字句，變成大家低回不去、徘徊流連的詩篇，才是新詩意象最適度的表現。如徐志摩再別康橋：

輕輕的我走了，正如我輕輕的來；我輕輕的招手，作別西天的雲彩。

那河畔的金柳，是夕陽中的新娘；波光裡的豔影，在我的心頭蕩漾。
軟泥的青荇，油油的在水底招搖；在康河的柔波裡，我甘心做一條水草。
那榆陰下的一潭，不是清泉，是天上的虹，揉碎在浮藻間，沉澱著彩虹似的夢。
尋夢？撐一支長篙，向青草更青處漫溯，滿載一船星輝，在星輝斑斕裡放歌。
但我不能放歌，悄悄是別離的笙簫；夏蟲也爲我沉默，沉默是今晚的康橋！
悄悄的我走了，正如我悄悄的來；我揮一揮衣袖，不帶走一片雲彩。

首章與末章均以白描的方式，直接賦寫別離，但在白描之中，除了語詞淺白、用字輕盈、前後照應之外，更有「作別西天的雲彩」、「不帶走一片雲彩」等雋美的詩句。又，詩中以金柳、青荇、榆陰下的潭水等信手拈來的自然景物，抒陳內心對於康橋深切的依戀，景景如在眼前；就是較爲抽象的字句，如「沉澱著彩虹似的夢」等句，意象也在含蓄之中清晰可辨。縱覽全詩，除了兼具音樂、視覺的美感外，更把具體與抽象的意象，含蓄而又鮮明的表現了出來。

**四、象徵批評**：新詩雖然白話，但也是詩的一體；既然是詩，就得在具體之中寓含餘波蕩漾的情志，在抽象裡象徵含蓄而又鮮明的意象；使讀者在往復低吟之際，融注在理想、抽象與現實、具體之中，自成一個自足的意境，並得到心靈方面最大的感動。因爲新詩也是詩，所以在文字的表達上，本應擴其最大的張力；以最少的文字，寫出最多的意思；以最具體的事物，呈顯最深刻的情志；以最抽象的理念，落實出最能喚起共同情感的詩句，才能使新詩在短短的篇幅之中，展延出無窮無盡、令人遐思不已的情境。如陳夢家一朵野花：

一朵野花在荒原裡開了又落了，不想到這小生命，向著太陽發笑，上帝給他的聰明他自己知道，他的歡喜，他的詩，在風前輕摇。

一朵野花在荒原裡開了又落了，他看見青天，看不見自己的渺小，聽慣了風的溫柔，聽慣了風的怒號，就連他自己的夢也容易忘掉。

「一朵野花在荒原裡開了又落了」句，象徵每一個微弱的生命，俱在宇宙之中，自然地出生、成長，又寂然的歸於塵土；人類就是這樣的綿延不絕。「不想到這小生命，向著太陽發笑」句，象徵生命的喜悅。「上帝給他的聰明他自己知道」句，象徵人類自負能夠運思構想，以自己的智慧創造生命的喜悅。「他看見青天，看不見自己的渺小」句，象徵人人均有高遠的心志，以爲自己能夠操控一切，傲慢得不知道生命的脆弱與渺小。「聽慣了風的溫柔，聽慣了風的怒號」句，象徵個人歷盡滄桑、諸苦備嚐之後，「就連他自己的夢也容易忘掉」，儘管從前曾有高遠的理想，但卻在滄桑之後淡化了，甚至已經不在意了。

**五、聯想批評**：從詩文的字裡行間，喚起舊有經驗的憶想，或引起觸類旁通的靈感，正是新詩聯想效果的表現。所謂聯想，除了單純的回想之外，更重要的是觸發；因爲一、二詩句而激盪讀者更多的意念，拓展更爲曠闊的思想天空，引導走出更爲康莊的智慧大道。當然，新詩只要具有美感，就是好詩；但如果能在具有美感之外發人深省，發揮詩文聯想與懸想的功能，相信讀者必將更爲信服。如朱自清獨自：

> 白雲漫了太陽；青山環擁著正睡的時候，牛乳般霧露遮遮掩掩，像輕紗似的，冪了新嫁娘的面。
>
> 默默在窗兒，上不見隻鳥兒，下不見個影兒，祇購、飄飄的清風，祇購、悠悠的遠鐘。
>
> 眼底是靡人間了，耳根是靡人間了；故鄉的他，獨靈跡似的，猛猛然湧上我的心頭來了。

因爲孤獨，所以才有閒情入微的觀察；因爲觀察入微，所以作者似乎有意騁其技巧，用心著墨在刻畫的景物之上。但在使人陶醉的景物裡，卻因末兩句「故鄉的他，獨靈跡似的，猛猛然湧上我的心頭來了」，把讀者硬從夢境之中拉回現實，頗能喚起「忽見陌頭楊柳色，悔教夫婿覓封侯」（王昌齡）的趣味。全詩在平淡之中透露著濃烈的情感，在白描之下工筆刻畫自然的景物，吟詠之後頗能引起悠遠的遐思。

**六、脈動批評**：新詩通常採用依次開展、與停頓回顧兩種脈動方式構篇。所謂依次開展，就是逐次鋪陳作者的情志，不在文字上反覆某一意念，不在篇章裡重複某一字句。所謂停頓回顧，就是作者在鋪陳賦寫時，爲了強調某一理念，或爲了強化某一意象，而覆述上文的立意，或重複前面的字句。連貫性的脈動，可使新詩條理清楚，敍事眉清目爽；停頓性的脈動，可使意象得到加強，情感獲得婉轉而又徹底的抒洩。兩者脈動方式，本身並無優劣之分，只看作者如何去鎔裁運用了。如夐虹夢：

不敢入詩的
來入夢

夢是一條絲
穿梭那
不可能的
相逢

本詩依次開展，詩中並無重複的立意，或反覆的字句，屬於連貫性的脈動方式。又如劉大白自然的微笑：

隱隱的曙光一線，在黑沉沉的長夜裡，突然地破曉。霎時烘成一抹錦也似的朝霞，彷佛沉睡初醒的孩兒，展開蘋果也似的雙頰，對著我微笑。

黃昏的一片淺藍天，一半被魚鱗似的白雲籠罩。冉冉地吐出一彎鈎也似的明月，彷佛含羞帶怯的新婦，只露出一些兒眼角眉梢，對著我微笑。

鏡也似的平湖，映著胭脂也似的落照。忽然幾拂輕風，皺起紗也似的波紋，彷彿曲終舞罷的女郎，把面罩籠著半嬌半倦的臉兒，對著我微笑。

全詩不但各章末了均以「對著我微笑」收束上文，而且三章均從自然取景，配以擬人的筆法，鋪寫自然對我微笑的情形。所以本詩在立意與技巧上，屬於典型的停頓性脈動方式。

**七、表象批評**：均齊的字句，常是新詩表現在外的形式；但在均齊的字句下，如果能把詩文的內容，盡量的表現在形式之上，使內容與形式兩相配合，讀者一覽不但可以立曉，而且還能發出會心的微笑，豈不更美？又，假藉外在的形式，以字句不同的構築手法，或音調特殊的節奏，營造突出的效果，並使詩文在參差的字句之中，表現出立體而又鮮明的意象，也是新詩匠心獨運的作法。如穆木天雨絲：

一縷一縷的心思
織進了纖纖的條條的雨絲
織進了淅淅的朦朧
織進了微動微動微動線線的煙絲
織進了遠遠的林梢
織進了漠漠冥冥點點零零參差的屋梢

織進了一條一條的電弦
織進了濾濾的吹來不知哪裡渺渺的音樂

「纖纖的條條的」是雨絲的形狀，「漠漠冥冥點點零零」是屋梢參差的情形，本詩前兩章，以疊字形容下雨時具體的情形，將內容、形式立體而又完整的結合在字裡行間，使讀者一眼看過，馬上就能想像出作者匠心刻畫的表情，頗爲傳神。

詩人自我的表白，必須喚起人類普遍的情感，才能引起讀者廣泛的共鳴；作者觸發的靈感，須能昇華生命崇高的意義，才是寫作詩篇眞正的意義。讓詩句愉快的氣息，散溢在每一個紛競的心靈上；使每一位讀者，均能選擇好的詩篇，並具體的賞玩、咀嚼這些優美的文字；也許本文對您可以有些幫助。

（孔孟月刊347期、民國80年5月）

# 第三十七章　新詩的形式批評

只要我喜歡，有什麼不可以，因此不但嘗試新的排列，而且還以不可思議的方式，構築新詩；只要我敢寫，有什麼不可能，因此不但打破文學的形式，而且還以無法想像的態度，從事創作。乍看是新，其實是怪；乍讀有趣，其實無味；這是新詩創作最大的危機，也是新詩爲人詬病的主因。所以林亨泰的風景一詩，以反覆的筆法，敍寫視野所見，全是海波，全是防風林；形式雖然簡單，但卻頗能強化視覺上的印象。至於他的車禍一詩，係以愈來愈大的「車車車」，三個「車」字構成，說它是詩，它眞的可以叫做詩嗎？

凡是創作，都得走出前人的宅院，開闢一片新的園地；都得獨出胸臆，寫出與前人、甚至與從前的我不同的作品。因此不斷的想像，多方的嘗試，不但需要，而且必要。但在新的同時，是否也該想想，如何才能新得有理？如何才能新出文學的境界呢？如詹冰水牛圖：

角　角
　黑

擺動黑字型的臉

同心圓的波紋就繼續地擴開
等波長的橫波上
夏天的太陽樹葉在跳扭扭舞

以「䰰」的圖形描出水牛的輪廓，以「擺動黑字型的臉」一節文字，形容水牛「䰰」的形狀，雖然有些大膽，但卻頗有新意。至於陳黎的戰爭交響曲一詩，以數百個乒、乒、乓、丘堆疊，以乒代表軍隊，乒、乓代表傷殘，丘代表死亡（墳墓），形式的確很新，但我卻忍不住的要說：這只是遊戲，不能視爲詩文。

新詩可以拿來做爲歌詞，如能寫出是詩、同時也是歌的作品，當然最好。但新詩創作的本義，並不只是爲了入歌；所以反覆吟唱的性質，可以增加詩的意蘊，但過分的強調，卻將使詩顯得呆板，顯得淺俗，顯得只是順口哼哼的唱詞罷了。詩與歌雖然曾是渾然的一體，但在如今漸趨嚴謹的文學分界之下，似乎有加以釐清的必要了。如余光中三生石當渡船解纜：

當渡船解纜
風笛催客
只等你前來相送
在茫茫的渡頭
看我漸漸地離岸

水闊，天長

對我揮手

可以是詩，也可以譜曲唱出優美的歌詞。至於他的鄉愁四韻：

給我一瓢長江水啊長江水

酒一樣的長江水

醉酒的滋味

是鄉愁的滋味

給我一瓢長江水啊長江水

通篇盡是重複的字眼，盡是相同的筆法，盡是歌謠一般的唱腔。與其說它是詩，不如把它看做一首曲子的歌詞。

分點分項陳述，就文章而言，形同問答式的題目；就新詩而言，只是摘要的記錄罷了，無法寫出完整的詩文。新詩的形式很多，但如以分項陳述，或以類似分點敍寫的方法成詩，不但無法面面俱到，而且可能面面不到，只能把它視爲一般的札記。如吳瀛濤空白：

要在空白填些什麼呢

蒼穹或海洋

或是少女透明的夢

像貝殼聆聽
就會聽見一些什麼

那是不是季節帶來的風
或是從那兒來的黃昏的跫音
啊，此刻，該在漸暗的窗邊點亮燈光吧

有設問，有答案，也有不定的徘徊；但就全詩而言，不但上下相銜，而且首尾相應。至於張默的三十三間堂：

話說
第一間
堆滿了語言的白雲
第二間
蠹魚懶散地在啃發霉的史記
第三間

隱隱約約，撞見杜工部的嘆息聲

第四間

老祖父在打噴嚏

無頭無緒的分敘三十三間堂，作者想要表達的意念，讀者大概不會容易瞭解吧！

新詩與散文不但文體有別，而且創作的意念也不應相同。因此以散文的方式構想，只能寫出散文式的新詩，雖然仍有詩的樣子，但其意涵仍然屬於散文。如從新詩的角度思考，雖以類似散文的形式成詩，仍然具有詩的意趣。從詩或從散文的方向思考，早已決定完成之後的作品，到底是詩，還是散文。如蘇紹連七尺布一詩，首章：

母親只買回了七尺布，我悔恨得很，爲什麼不敢自己去買。我說：媽，七尺是不夠的，要八尺才夠做。母親說：以前做七尺都夠，難道你長高了嗎？我一句話也不回答，
使母親自覺得矮了下去

以布爲經，以七尺與八尺爲緯，鋪寫自己和母親的一段矛盾；純從散文的角度思考，且以白描的手法、散文的形式成段，當然屬於散文。至於二章：

母親仍然按照舊尺碼在布上畫了一個我，然後用剪刀慢慢地剪，我慢慢地哭，啊！
把我剪破，把我剪開，再用針線縫我，補我，……使我成人

在布上畫我，象徵永遠放在心上；用刀慢慢的剪，象徵綿綿不斷的捏塑；剪破、剪開，

象徵成長蛻變的歷程；縫我、補我，象徵無止無盡的支持。全詩雖以散文的形式敍寫，但因第二章從詩的角度思考，所以寫來仍有豐沛的詩意。

整首新詩，不能只是意念、不能只是遊戲、不能只是歌詞、不能只是散記、不能形同散文。新詩的形式雖然不用限制，但至少也該有個樣子，否則全身浸滿塗料的人體，滾在畫布之上，也能美其名曰藝術了。

（孔孟月刊450期，民國89年2月）

# 第三十八章　新詩的內容批評

新詩的文字雖然不多，但短短數行表達的情境，卻須完足；新詩的題材雖然很廣，可以素描景物，可以鋪敍人事，但其意象卻須鮮明。新詩的「新」，可以自由的創作；新詩的「詩」，卻須具有文學的內容。所謂內容，不必有散文一般嚴謹的結構，只要寫出作者的意象即可；不能只是一句、兩句的警語，必須是首完整的小詩。新詩如同散文，縱有詩意，也只能視爲簡短的文章；新詩如像警語，縱然精彩，也只能視爲片段的意念。因爲新詩是詩；既然是詩，就得有詩的形貌。

凡是好作品，都不怪異；凡是怪異的作品，都只能流行一時。古詩如此，新詩也應該是如此。所以從事新詩創作的人，不必隨著怪異的作法譁眾取寵，也不必眩於光怪陸離的聲色而迷失自我。秉持嚴謹的態度，多嘗試，多創作，自然就能寫出典雅而具創意的好作品。至於那些以語體寫作新詩，不但現代人看不懂，連受過語文專業教育的人，也無法理解究竟寫些什麼的作者，如果想在文學史上留下一、兩篇作品，我想他們必須改變玩的把戲了。今筆者謹就新詩的內容，提出幾點批評：

一、**過於空化**：詩不但有其內容，而且內容也應具有一定的意象，才能表達作者的意念，才能寫出詩的意涵。如果詩的內容有如謎語；或詩的意思必須假借想像，讀者才能一知半解的作品，只能當做文字的遊戲，而不是詩。如周策縱清明：

露

全詩只有一個「露」字，希望讀者想像瀰漫的水氣、透明的水珠和路上的水滴；與其說它是詩，不如把它當謎語看。

**二、過於散化**：因爲詩有詩的樣子，詩有詩的格局，詩有與散文截然不同的形貌，所以詩才能稱爲詩。因爲詩的文字雅潔、詩的用語精鍊，詩以簡短的字句，敍寫深入而又鮮明的主題，所以詩才能叫做詩。從形式、從內容上看，詩與散文不但相異，而且也各有方向。因此以散文的意念寫詩，不能叫做詩；過於散化的新詩，如果沒有詩的意念，寫得再好，也只是一篇短文罷了。如徐遲櫓：

你沒入霧裡去的時候，我把你比做了櫓，櫓這樣搖曳的遠去了，沒入深霧裡去了。在美麗的河床上，須有更美麗的櫓的步伐的。水的花上，沾著霧，然而在這冬天的市街上，氣候凝固，你爲什麼不借著這冰凍的掩映的夕暮的街燈之光，投我一個側影的魚似的視線呢？櫓的胴體上，抹著黃色的桐油；櫓是人魚，櫓是游泳的女郎——你是愛側游的嗎？我目送你，側往左，側往右，度水，度橋，在桅檣之影的林中隱沒入霧裡了。載著我的心的是你這美麗的船舶，而你這支美麗的櫓搖著了我的戀了。

作者將從前河上划舟的美感，以散文的筆法寫成這首詩文。美則美矣，但卻嫌其過於散化；如能改以詩的形式表達，意象可能更爲深刻，詩意可能更爲濃烈。

**三、過於簡略**：雖有內容，但其內容短則一句，長則兩句；語句雖含詩意，但因過於粗略，只能視爲作者簡單的意念，或精警的字句罷了。這些語句須在前後加上一些文字，才能寫成一首像樣的小詩。如楊華小詩：

人們看不見葉底的花，已被一雙蝴蝶先知道了。

本詩意思雖然精警，詩趣雖然不少，但卻只是佳句，只是寫詩的意念，而不是完整的詩歌。

**四、過於紊雜**：新詩的內容不必拘謹，卻須有個樣子，有其中心的主題與內容。沒有主題的詩，好像囈想，又好像是夢語，讀者不知他在寫些什麼？主題雜亂的詩，東寫一句，西又飛來一筆，整篇作品看完之後，就是無法瞭解他在講些什麼？這是由於意象不明的緣故。新詩可以自由的抒陳，可以自在的表達，但卻不能漫無目的的亂寫，否則走在街上，將眼前看到的招牌，一個一個串聯起來，也可以稱之爲詩了。如管管春天像你你像煙煙像吾吾像春天：

春天像你你像梨花梨花像杏花杏花像桃花桃花像你的臉臉像胭脂胭脂像大地大地像
天空天空像你的眼眼像河河像你的歌歌像楊柳楊柳像你的手手像風風像雲雲像你的髮髮

像飛花飛花像燕子燕子像你你像雲雀雲雀像風箏風箏像你你像霧霧像煙煙像吾吾像你你
像春天。

春天像秦瓊宋江成吉思汗楚霸王
秦瓊宋江林黛玉秦始皇像

「花非花、霧非霧」

作者以春天爲題，將其聯想的意念寫在一起，拼湊而成這首怪異的新詩。這種寫法，也許有人認爲新奇，我卻深深的不以爲然。

**五、過於晦澀**：語意含蓄，字句曲折，才能使詩意趣雋永，才能使作品蕩起長長的餘波。所謂含蓄，是指委婉的表達或意在言外的敘述，詩的意象仍然鮮明，詩的內容仍然可以體會。至於晦澀，則指詩意不明，令人費解；或作者藏起主題，而使詩的意思有如偈語一般，兩者都不是新詩創作的正途。如王潤華象外象東：

太陽釘在神木上
春
夏
秋

冬

臉向著神祕的大門

全詩好像拆字，又好像偈語，詩意晦澀，實在難解。

**六、過於跳脫**：新詩的結構與散文相比，擁有更大、更多創意的空間。所謂創意，可以擺脫傳統的束縛，可以嘗試各種新的方法，但其作品仍有一定的理路，仍能看出詩文布局的痕跡。如果上下語意不能相貫，或在詩中突然贅上一筆，而使讀者讀來百思不得其解的作品，就不能算是好作品了。如顧城車輞：

你讀的那個人
在穿衣服

你把反光照進內室

你們同時淹死在鏡子裡面

以「車輞」爲其題目，以車的反照爲其主體，但因作者思想頗爲跳脫，所以詩的意象並不清楚。

新詩是文學的作品，而不是文字的遊戲。如果是遊戲，可以千奇百怪，可以玩弄各種新的花樣。但如果是文學，則應在玩的同時，顧慮玩的方式，顧慮是否可以玩出又新又雅的作品來，您說是嗎？

（孔孟月刊443期，民國88年11月）

# 第三十九章　談談新詩

詩是反映時代、描寫生活的文學，也是刻畫人性、抒發心靈的作品。不同的時代，有不同的內容，因此以農業社會爲背景的詩文，則是：

日日，從日出到日落
不了解疲倦的母親；這樣講——
清涼的風，是最好的電扇
稻田，是最好看的風景
水聲和鳥聲，是最好聽的歌（吳晟泥土）

以工業社會爲背景的詩文，則是：

我們是快樂雅輩，居住
名流別墅，冷氣房裡冷眼看滾燙的世局
陽光草坪揮桿玩高爾夫
熨貼的心情和微笑的肌膚
總保持布爾喬亞輕柔的魅力

我們精緻、多禮如社會的來賓
時代的貴族　　（焦桐〈臺灣雅輩〉）

不同的詩人，也有不一樣的風格，因此身爲原住民，以詩敍其心聲的作品，則是：

孩子，給你一個名字
要永遠謙卑的向祖先祈禱
像一座永不傾倒的大霸尖山
你的名字將見證泰雅的榮光（瓦歷斯・尤幹〈給你一個名字〉）

非爲原住民而寫原住民的心聲，則是：

在數百年歷史的土壤裡翻耕出
一座平埔族勇士的墓碑
記載著輝煌的過去，也寫著被人欺凌的過程
你抱頭痛哭，大聲朗誦
早已失傳的阿立祖祭典的悲歌
河邊的蘆葦白了之後又綠
南下的燕子在柳條之間穿梭
你記得這是很久很久以前就結識的舊知

可是叫聲不同，你禁不住在茄苳樹上
刻下了你的身世，一段被漢人竄改的歷史（羊子喬一個原住民的心事）

詩有永恆的人性，也有多樣的面貌；有豐贍的內容，也有一致的看法。這種永恆而又多樣、一致而又多變的性格，正是詩可以任人拿來抒發情志、也可以自由表達每一時空之內人與事的主因。

社會是進步的，人性是進化的，隨著文明的起飛與科技的發皇，野蠻時代爲了活命而弱肉強食的人性，早已被禮儀法令與權利義務所取代了。縱使有人仍然不改動物的習性，仍然迷戀鬥爭的本能，卻已經無法見容於當今的世界了。但在不同的時空裡，卻有永恆的一面；所謂「永恆的人性」，係指不管在任何時空、任何背景之下，人性總是向著陽光、朝著光明的一面發展；詩人總是關懷人類、闡發人性光輝的一面。這種向陽迎光的本性，使文學以明示或暗寓的手法，在戰亂動蕩之下，仍然撫慰著流離失所的人心；使詩文以象徵或反諷的技巧，在太平盛世之中，仍然肩負著引導與前瞻的責任。所以臧克家生命的叫喊：

高上去又跌下來
這叫賣的呼聲——
一支音標，沉浮著
在測量這無底的五更

深閨無眠的心，將把這
做成詩意的幽韻
不，這是生命的叫喊
一聲一口血，喊碎了這夜心

作者以悲憫的心情，敍寫夜裡仍在叫賣的小販，同時給予莫大的關懷。又如沙穗失業：

入夜之後
臺北沒有我　但我確實
是在臺北　這很虛無
自從想起母親的那枚烙餅
我便發現我既非日月
也非星辰　我只是
一顆淚

華燈初上
我必定會回到母親的眼裡

失業雖然淒冷，但遠處則有母親溫暖的召喚，詩裡盡是光明的人性。

文學作品雖能憑空杜撰，但卻仍以人的經驗爲其基礎，且在有意、無意之間，仍能看到現實生活的影子。詩文必須源於生活，才能寫出你我之間的感動，才能取得更多創作的素材。反映社會、描寫周遭的詩文，可以從整體人類的立場出發，寫出豪壯雄渾的作品；也可以從生活細微的小處著筆，寫出溫馨感人的小品。不管從何角度鋪陳，詩文的字句必須經過美化，作品的意境必須具有美感，否則只能叫做報導，不能稱爲創作。凡是文學，題材儘管來自現實，構想儘管出於生活，但將意念寫成文學、題材衍成作品的同時，就得經過修辭的美化，就得具有文學的情致，才能在現實與作品、報導與創作之間，得到鮮明、肯定的區隔。所以夏宇甜蜜的復仇：

把你的影子加點鹽
醃起來
風乾
老的時候
下酒

失意的感情，在作者詩意的美化之後，成爲一首甜蜜的回想之歌。又如羊令野戰袍：

仔細的辨認過
猶辨認不出酒痕或者彈痕
一撫摸斑斕血迹
彷彿遍身隱隱作痛
猛然披掛驚起
雞聲啼過破曉時分

作者以聞雞驚起，敘寫戰爭的驚恐；以無法分辨酒痕或彈痕，敘寫戰爭的慘烈；詩在深意之中，自有美感。

從客觀的外在取材，經過主觀的鎔鑄之後，再以客觀的筆觸鋪寫成詩，才能寫出超越時空、贏得普遍回響的作品。客觀的外在，有時是美好的事物，有時是深刻的感受，有時則是偶然的觸發。主觀的鎔鑄，包含頭緒的整理、意念的推衍、詩文的布局與字句的裁磨。至於客觀的筆觸，則是作者融入文學的素養、冷卻個人的激情之後，才動筆寫作。這是詩文創作必經的過程，三者環環相扣，缺一不可。如果缺少外在的感受，就無題材可寫；如果還未經過冷卻，就以濃烈的情感動筆，可能流於激情；作品完成之後，只有相同情境的人，才能得到共鳴。所以楊守愚蕩盪中的一個農村：

一片的荒埔

廣闊的沙漠
這一切傷心慘目的景象呀
我見之　猶要心痛
況遭受慘虐的兄弟們
怎叫他不會椎心、頓足
怎叫他不會泣血、哭慟

忠實反映洪災的苦痛，但卻未能沉澱激情，以寫出更凝斂的情感。至於李魁賢弦音：

來吧，來打擊我
我是熱火熬煉的陶甕
裝滿溫暖的血液
來吧！重重打擊我
讓我的血液從破裂的傷口
流下甦醒的天空
澆潤滿山的杜鵑

冷卻的情感化做普遍的同情（與人類同其情感），沒有呼天搶地的激情，卻有人類與生俱來最可貴的情操。

如果散文須以兩句才能表達，新詩只能使用一個句子；如果散文一句就能表達，新詩則須寓含更多的意思。新詩的字句應比散文更富張力，才能使詩具有多解的內容，才能使詩以簡鍊的文字，寫出比散文更有意思的作品。如果散文的要求是恰如其分，是「增之一分則太長，減之一分則太短」，詩則必須字字含情，「言有盡而意無窮」；詩的語言應比散文更爲簡潔，更爲精緻。所以卞之琳斷章：

你站在橋上看風景
看風景人在樓上看你

明月裝飾了你的窗子
你裝飾了別人的夢

短短的篇幅，卻有豐富的詩意。羅任玲盲腸：

古道後面一條
小小盲腸

風起時
隱隱作痛

一截潰瘍的
鄉愁

不必耗費太多筆墨，鄉愁卻已經鮮明的浮現了出來。

新詩是文學的嬰兒，可塑性高，只要不悖情理，任何方法都能嘗試；新詩是時代的聲音，包容性強，只要具有基本的素養，人人都能張開嘴來講話。沒有禁忌，但不能詭異；沒有格律，但須具有詩的樣子；因爲詩是文學，詩是最精簡、最豐贍的文學。

（孔孟月刊442期，民國88年6月）

# 第四十章　論新詩與散文

好的散文，可以長篇大論，可以寸札尺牘，篇幅的大小與作品的好壞，並無太多的關係。好的散文，可以針針見血，可以句句深情，抒論的對象與文章的美惡，也沒有多少的關聯。散文如能建構優雅的情境，散文也可以是詩；詩如能營造應有的情境，以散文的形式成篇又何妨？文體本無優劣之分，各有各的特質；文體在實際的表現上，各有各的短長；只要把握文體的特質，熟悉行文的筆法，抒陳由衷的情感，就能寫出具有一定水準的好作品。

現代的新詩與散文，同中有異。同在均以語體的文字鋪陳，因此必須求其簡潔；均有別於古體，因此必須反映時代的意義；均從個人的情志出發，因此必須擺脫教條的束縛，並去除陳腐的習氣。異在詩有詩的特質，篇幅雖短卻能自成自足的情境；詩有詩的筆法，筆法雖然可與散文相通，兩者卻有顯著的不同；詩有詩的語言，用語只要前後一致，比散文能有更多樣的變化。新詩與散文的體裁雖然互異，卻是現代文學不可或缺的兩大主流。

短短的篇幅，甚至一、兩句話就能塑造一個完整的情境，這是詩的特質，卻不是詩的專利；因爲好的散文必有尺幅千里的趣味。詩的筆法活潑，甚至時常突如其來；散文也有類似的情形，騰空而至的字句，也在作品之中屢見不鮮。至於詩的語言，不僅多彩，而且還能毫無拘滯的揮灑；散文也能運用技巧，把詩的語詞融入散文之中。因此散文可以兼具口語與詩句，可以加入雙關與象徵；只要表抒得宜，散文在語言方面的運用，也有頗爲曠闊的天空。

詩的篇幅較短，詩的結構較爲自由，似乎可以不必顧慮太多而自在的抒陳；其實不然。因爲詩的篇幅較短，在數十或數百字裡，必須寫出情境完足、意蘊深刻的作品；因此除了偶然得之的佳句之外，對於字詞的斟酌更應嚴謹，以便能在斟酌之中字字安排停當，並極度拉大文字的張力；以最少的文字，而寫出最廣、最深、寓含最多的意思。所以新詩較散文自由的原因，在於新詩須在篇幅的限制之下，更有心、更用心——因爲更有心、更用心，所以須更費心的思考。

在今天，新詩的格律仍未定型，新詩可以依憑己意，從內容、從形式、從語氣、從物的顏色上鋪排，比起散文，更能爲所欲爲。尙未定型的新詩，當然較爲自由，較不受到太多的限制；但既然是詩，就要有詩的樣子，所以新詩雖然沒有一定的格式，卻隱隱然有不少的原則必須遵循，否則就不是詩了。散文的形式較爲固定，卻非一定；因此只要多用些心思，就能在既有的基礎上，改變沿襲的寫法，而像新詩一樣自在的嘗試與突破。

在古代，由於沒有文字，所以人們常把值得記憶的事跡，編成有韻的詩句，以便代代口耳相傳。後來雖有文字，卻仍缺乏方便的書寫工具，因此仍以詩的形式表抒一己的情感。最早的文學是詩，應該可以相信；詩常做爲文學的代名詞，也是眾人耳熟能詳的。詩是文學的代表，卻不是文學的全部；詩與散文雖有先後的區別，但因文體各異，如果硬要分辨孰優孰劣？絕非聰明的想法，兩者都肩負了語體文學同等的重任。就個人而言，才性可以有所偏長；但從文學的觀點看，卻不能獨厚某一特定的文體，否則在文學廣漠的園地裡，就無法看到絢麗多彩的花朵了。

事實上，不管詩或散文，只要是好作品，就足以動人內在的心坎；不論詩人或散文家，只要夠水準，就能撥睹一片自己的天空。至於崇詩抑文或崇文抑詩的人，只能蔽於一端，而自我禁錮在文學的一隅，那是文學創作者應有的態度！

（孔孟月刊417期、民國86年5月）

# 附錄　參考書目

臺灣新世代詩人大系（上下）　林燿德、簡政珍編　書林出版有限公司
笠下的一群　黃渝著　河童出版社
新詩三百首（上下）　張默、蕭蕭編　九歌出版社
天下詩選（一、二）　瘂弦主編　天下遠見出版公司
現代中國詩選（一、二）　楊牧、鄭樹森編　洪範書店
新詩二十家　白靈主編　九歌出版社
新詩讀本　白靈、蕭蕭編　二魚文化事業公司
年代詩選　向明、張默編　現代詩社
臺灣詩人散論　沈奇著　爾雅出版社
笠詩刊
創世紀詩刊
臺灣詩學季刊